HOMOSEKSUALITEIT IN BEZET NEDERLAND

PIETER KOENDERS

HOMOSEKSUALITEIT IN BEZET NEDERLAND

VERZWEGEN HOOFDSTUK

HERZIENE UITGAVE SUA – WOELRAT

eerste druk: De Woelrat, 's-Gravenhage, 1983

omslag en boekverzorging: Han van Dien
zetwerk: Wil van Dam, Utrecht
druk: SSN — Nijmegen

ISBN 90 6222 109 2
UGI 510

INHOUD

1. INLEIDING

Het begrip homoseksualiteit

In de officiële geschiedschrijving is er tot nu toe nauwelijks iets over homoseksualiteit te vinden. Waar seksualiteit toch een zeer belangrijk element vormt van gevoelens en handelingen van mensen mag worden aangenomen dat van personen die afwijken van de norm van de meerderheid van de bevolking omdat ze contact zoeken met personen van hun eigen geslacht, vele historische verhandelingen aanwezig zijn.
Op homoseksualiteit heeft echter altijd zo'n zwaar taboe gerust, dat weinig auteurs het aandurfden om er iets over te melden. De geschiedschrijving van homoseksualiteit en homoseksuelen is vrijwel geheel voortgekomen uit de homo-emancipatiebeweging zelf. Los van enkele incidentele initiatieven is deze geschiedschrijving eigenlijk pas de laatste jaren enigszins van de grond gekomen.
In dit boek versta ik onder **homoseksualiteit** het bij voorkeur bevrediging van seksuele gevoelens zoeken bij iemand van hetzelfde geslacht. Aan het begrip 'homoseksualiteit' is echter nog een scala van andere gedragingen verbonden. Omdat de maatschappij deze voorkeur afwees en zwaar bestrafte is er een subcultuur ontstaan en hebben zich subculturele gedragingen ontwikkeld die nauw verbonden werden met homoseksualiteit. Oorzaak en gevolg liepen door elkaar. Ook het falen (of weigeren) om te voldoen aan de als ideaal gestelde normen voor man en vrouw werd met homoseksualiteit verbonden. Een zich wat vrouwelijk gedragende man was een **mietje**, een zich mannelijk gedragende vrouw een **manwijf**. Het Zweedse woord voor meisje, **flicka**, is via zeelieden naar Nederland gebracht, waar het zich in de vorm van **flikker** als scheldwoord voor homoseksuelen handhaafde.[1]
Het begrip 'homoseksualiteit' bestaat pas zo'n honderd jaar. Om verwarring te voorkomen heb ik evenwel het begrip anachronistisch gebruikt. Homoseksualiteit slaat dan op de uitingsvorm van gevoelens (seksuele betrokkenheid van twee personen van hetzelfde geslacht) en niet op een vast omschreven identiteit. Homoseksualiteit verschilde per tijd en per plaats, en zelfs op een bepaalde plaats en

op een bepaald moment kan niet gesproken worden over 'de' homoseksueel. De onderdrukking van homoseksualiteit en het ontbreken van een duidelijke herkenbaarheid heeft duizend en één schakeringen tot gevolg had. Men kan spreken van homoseksualiteiten.
Indien bij een persoon homoseksueel gedrag een enkele keer of gedurende een korte periode geconstateerd werd, identificeerde 'men' dat niet of nauwelijks met homoseksualiteit en werd het als pseudo- of noodhomoseksualiteit afgedaan. De afschuw van de daad — als vanouds — was er niet minder om. Toen men de laatste honderd jaar onderzoek naar homoseksualiteit ging verrichten veronderstelde men een 'homo-identiteit', waarna iemand als homoseksueel op zijn persoonlijkheid kon worden aangevallen. In mijn beschrijving heb ik geprobeerd zoveel mogelijk facetten van mannelijk homoseksueel gedrag in de bezettingstijd te belichten (zie voor de keuze 'mannelijk' pagina 9).
De **subcultuur** zal hier een belangrijk onderdeel van uitmaken. Onder dit al eerder gebruikte begrip versta ik hier alle specifieke mogelijkheden om homoseksuele contacten te leggen en alle specifieke (gedrags-)uitingen van homoseksuelen onderling. Met **homoseksuelen** bedoel ik iedereen die de behoefte voelt om homoseksuele contacten te leggen (zie definitie 'homoseksualiteit').

Overzicht

Duidelijk zal in de loop van mijn verhaal worden waarom ik niet uitsluitend de periode 10 mei 1940 tot 5 mei 1945 heb behandeld. Het gebeurde in de bezettingsperiode week wel af van de tijd ervoor en erna, maar maakt duidelijk ook onderdeel uit van een eeuwenlange onderdrukking. De reacties van niet-homoseksuelen op homoseksuele gedragingen vinden zichtbaar hun wortels in het verre, maar ook nabijliggende verleden.
Na een overzicht van homoseksueel gedrag, en meer in het bijzonder de reacties daarop tot het begin van deze eeuw, geef ik wat uitgebreider aandacht aan het ontstaan van homo-emancipatie. De daarmee samenhangende gebeurtenissen in de twintiger en dertiger jaren en het speciale van het dagelijks leven van homoseksuelen beschrijf ik meer gedetailleerd.
Een hoofdstuk dat gewijd is aan de ontwikkeling van het Duitse anti-homo wetsartikel § 175, de Duitse subcultuur en emancipatiebeweging en de anti-homoseksuele theorieën en houding van de fascisten geven diepte aan het optreden van de nazi's in bezet Nederland.
In het eerste deel van mijn behandeling van de bezettingstijd geef ik

een overzicht van de mogelijkheden voor homoseksuelen om contact met elkaar te zoeken en licht ik de houding van de overheid toe.
In het tweede deel ga ik nader in op de onderdrukking en vervolging en bespreek ik homoseksualiteit in relatie tot specifiek in deze periode voorkomende groepen als bezetters, onderduikers, verzet en gevangenen.
Vervolgens geef ik in het kort een schets van de ontwikkeling van het maatschappelijk denken over homoseksualiteit na de oorlog aan de hand van de zich meer en beter organiserende homoseksuelen.
Veel schetsen zullen helaas meer 'flitsen' zijn, omdat hier de ruimte ontbreekt en elders daarover goede studies verschenen zijn. In een korte nabeschouwing zal ik enkele punten uit het beschrevene aanhalen, benadrukken hoe homo-onderdrukking en -vervolging tijdens de bezetting deel uitmaakten van onderdrukking en vervolging van homoseksueel gedrag ervoor en erna, en aantonen hoe de homogeschiedenis stelselmatig wordt doodgezwegen.

Lesbische vrouwen

Het aspect van homoseksueel gedrag tussen vrouwen laat ik praktisch geheel buiten beschouwing.
In eerste aanleg heb ik wel geprobeerd in contact te komen met lesbische vrouwen die over de bezettingstijd zouden kunnen vertellen, maar dit bleek later zeer moeilijk.
De door mij ondervraagde homoseksuele mannen herinnerden zich nauwelijks iets van homoseksuele vrouwen of zeiden dat ze daar nooit in geïnteresseerd zijn geweest. Om te voorkomen dat door een onvolledige beschrijving een onjuist beeld wordt gegeven heb ik dit verder laten rusten. Toch kwamen er wel enkele vragen bij mij op. De vervolging en onderdrukking van homoseksuelen was praktisch uitsluitend gericht op mannen. Omdat ik tot de conclusie ben gekomen dat de houding van de nazi's deel uitmaakte van een algehele — Duitse — bevolkingspolitiek vraag ik me af waarom op vrouwelijke homoseksualiteit niet even zware straffen stonden als bij mannen. Mogelijk moet dit toch eerder in de traditionele juridische uitleg van het begrip **'sodomie'** gezocht worden dan in het vaak aangevoerde niet serieus nemen van de vrouwelijke seksualiteit. Bovendien vinden juristen een wetsartikel ongewenst als dat in zijn uitvoering ernstige bewijsproblemen zal opleveren. Vrouwen gaan vaak anders, intiemer met elkaar om dan mannen. Overigens zouden vrouwen wel zijn gestraft voor homoseksueel gedrag. Jim Steakley, een Amerikaans onderzoeker noemde mij een aantal bronnen. Isa

Vermehren (*Reise durch den letzten Akt. Ravensbrück, Buchenwald, Dachau: eine Frau berichtet.* Hamburg 1946; Reinbek 1979) schreef over de gevangenisonderscheidingstekens in concentratiekampen: '... *rosa = LL (lesbische Liebe)...*' Dit stond bij een beschrijving van het vrouwenkamp Ravensbrück. Over een ander kamp schreef ze dat lesbische vrouwen onmiddellijk in een apart strafblok werden geplaatst. Ook vrouwen die om een andere reden in het kamp zaten en op lesbisch contact betrapt waren, werden in dit speciale blok geplaatst.
Ina Kuckuc, pseudoniem voor Ilse Kokula (*Der Kampf gegen Unterdrückung. Materialien aus der deutschen Lesbierinnenbewegung.* München 1979, pagina 127-128) schreef over 'Lesben-KZ' in verband met het kamp Bützow in Mecklenburg. Zes lesbische vrouwen werden daar in een apart blok vastgehouden.
Ilse Kokula heeft nog twee andere boeken over homoseksuele vrouwen in de nazi-tijd geschreven maar vermeldde daar niets over lesbische vrouwen in concentratiekampen.[2]
Steakley noemde een derde bron over lesbische vrouwen in concentratiekampen: Gudrun Schwartz, *Frauen in Lagern.* Berlin 1980. Het is een niet openbaar gemaakt manuscript. Schwartz is bezig met een sociologische dissertatie over Duitse lesbische vrouwen tussen 1880 en 1945.

In het algemeen moet het voor vrouwen, buitengesloten uit het openbare leven, moeilijk tot onmogelijk geweest zijn om contact te maken met andere lesbische vrouwen. Als ze eenmaal een relatie gevonden hadden was het mogelijk wat makkelijker om samen te wonen dan voor mannen. Het zal echter voor weinigen weggelegd geweest zijn. Hier en daar komen berichten naar voren over het bestaan van lesbische subculturen in de omgeving van prostituées. Geschiedschrijving over de onderdrukking en de ontmoetingsmogelijkheden voor lesbische vrouwen is een dringende zaak. Hun leven speelde zich zelfs nog meer in het verborgene af dan bij homoseksuele mannen.

Bronnen en methode

Ik heb al gewezen op de weinige en gebrekkige bronnen die ik voor mijn onderzoek heb kunnen gebruiken. Voor een belangrijk deel heb ik mijn informatie gekregen uit interviews met oudere homoseksuelen en voormalige (zeden-)politieambtenaren.
Omdat het onderzoek erg uitgebreid was heb ik binnen het gegeven van **Oral History** geprobeerd een aparte methode te ontwikkelen

voor het verwerken van de vraaggesprekken. Vooraf heb ik 'items' geformuleerd en in verschillende rubrieken opgedeeld. Met deze vragen in het achterhoofd hield ik 35 gesprekken. Uitgaande van het 'vrije-attitude-interview' dat bij oral-history gebruikelijk is, heb ik mijn vragen niet direct gesteld maar wel ervoor gezorgd dat alle onderdelen aan bod kwamen. Deze antwoorden heb ik later op formulieren overgebracht zodat ze, rubrieksgewijs, onderling vergelijkbaar werden.

De leeftijd van de geïnterviewden lag tussen de 51 en 84. De gemiddelde leeftijd (tevens mediaan) van de 29 belangrijkste informanten lag op 30 jaar ten tijde van het uitbreken van de oorlog.

De meeste geïnterviewden hebben informatie over Amsterdam gegeven, enkelen over Den Haag en Rotterdam.

De meerderheid — bijna 60 procent van de door mij ondervraagde groep — had een (van huis uit) protestantschristelijke achtergrond. De beroepen liepen ver uiteen, maar in het algemeen kan gezegd worden dat de meesten tot de 'kleine burgerij' gerekend moeten worden. De meesten hadden de een of andere vorm van voortgezet onderwijs genoten, vaak in administratieve richting. Het was zeer moeilijk om personen te vinden die iets over de bezettingstijd konden en durfden zeggen. Vaak had men de bezettingstijd niet bewust als homoseksueel meegemaakt. Veelal ook wilde men voor de buitenwereld niet in het daglicht treden. Ook in 1981 niet. Zelfs als naaste familie en kennissen al jaren overleden zijn.

Om deze reden heb ik alle geïnterviewden onder nummer in de annotatie vermeld. Voor wetenschappelijke controle is inzage in interviews en nadere gegevens vanzelfsprekend mogelijk.

Via de politiekorpsen van 's-Gravenhage en Amsterdam ben ik in contact gekomen met twee voormalige ambtenaren van de zedenpolitie. Ook andere oud-politiebeambten gaven mij inlichtingen. Oproepen in politiebladen leverden geen informanten op. Op oproepen in contactbladen van organisaties van het voormalige verzet of slachtoffers van het nazi-regime kreeg ik slechts enkele reacties, die dan bovendien nauwelijks informatie verschaften.

Ook het archiefonderzoek leverde de nodige problemen op. De *Historische Bibliotheek* van de Nederlandse Vereniging tot Integratie van Homoseksualiteit COC (nu Van Leeuwen Bibliotheek) werd net verhuisd naar het *Internationaal Archief voor de Vrouwenbeweging* in Amsterdam. Ook het *Rijksinstituut voor Oorlogsdocumentatie* was zijn boekenbezit aan het verplaatsen.

Het Ministerie van Justitie en de voormalige Amsterdamse hoofdcommissaris van politie Sanders beweerden in 1975 dat er geen archiefbescheiden overgebleven waren, in verband met de verjaringstermijn van 30 jaar.

In Amsterdam bleken uiteindelijk toch wel enige bronnen beschikbaar die echter in een depot opgeslagen waren waar alleen toegang mogelijk was als er een ambtenaar beschikbaar was. Op een van de belangrijkste bronnen, de *Meldingsrapporten* van de politiebureaus en de politieposthuizen bestond geen ingang zodat er niets anders opzat dan alle rapporten door te bladeren. Uit Den Haag werd me aanvankelijk meegedeeld dat geen enkele bron meer bestond. Na enig overleg bleek het *Journaal* van de zedenpolitie zo juist beschikbaar ter vertrouwelijke inzage. Op deze bron bestond eveneens geen ingang.

Tijdens mijn onderzoek heb ik het gevoel gehad net te laat aan het onderzoek te zijn begonnen. Enkele bronnen bleken zojuist vernietigd (Verbaalboeken 's-Gravenhage in januari 1980; een exemplaar is overgebleven in particuliere handen). Veel te interviewen personen die veel informatie bezaten omdat ze midden in de subcultuur stonden, bleken enkele jaren voor het begin van mijn onderzoek te zijn overleden; soms kort ervoor. Een keer overleed een — belangrijk — getuige kort nadat ik hem opgespoord en een uitnodiging voor een gesprek gezonden had. Waar aanvullend onderzoek nodig is naar de door mij behandelde periode is zeker haast geboden.
Ondanks alle problemen bij het verzamelen van het materiaal ben ik van mening dat ik met datgene wat ter beschikking was toch een vrij goed beeld heb kunnen geven van de achtergronden van het leven van homoseksuelen en de reacties op homoseksualiteit tijdens de Duitse bezetting in Nederland.
Het plaatje is uiteraard niet compleet. Aanvullend onderzoek is vaak gewenst, maar zal mijn conclusies naar ik verwacht niet of op ondergeschikte punten corrigeren.

Dank

Speciale dank wil ik nog uitspreken voor de medewerking van de Haagse Gemeentepolitie, in het bijzonder de heer Nijmeier, chef rechercheadministratie, de Amsterdamse Gemeentepolitie, in het bijzonder de heer Hoorenman, chef rechercheadministratie, en de Gemeentelijke Archiefdienst Amsterdam, in het bijzonder de heer Huipen, medewerker van deze dienst.
Verder wil ik een ieder bedanken die in een vraaggesprek met mij heeft toegestemd of mij anderszins behulpzaam is geweest bij het verzamelen van mijn materiaal. Speciale erkentelijkheid ben ik verschuldigd aan Rob Tielman voor zijn adviezen.

2. HISTORISCH OVERZICHT

De voorchristelijke tijd

Over homoseksueel gedrag bij de oudste bewoners van ons land en de omliggende streken is weinig tot niets bekend. Aristoteles (ongeveer 350 jaar voor het begin van onze jaartelling) schreef over de Kelten dat seksueel contact tussen mannen bestond ondanks de schoonheid van hun vrouwen.[1]
Over de Germanen schreef Tacitus (ongeveer 100 jaar na het begin van onze jaartelling) in zijn werk *Germania*, dat verraders en overlopers aan bomen werden opgehangen, en lafaards, deserteurs en ontuchtigen in de modder of het moeras werden verdronken, waarbij het lichaam werd verzwaard.[2] Dat onder ontuchtigen ook homoseksuelen moeten worden verstaan is de opvatting van Numa Praetorius die rond deze eeuwwisseling leefde. De door Tacitus gebruikte uitdrukking corpores infames stond volgens hem in verband met begrippen als weekheid en vrouwelijkheid.[3]

Naast deze schaarse en weinig zeggende bewijsplaatsen, kan alleen een veel breder cultuuronderzoek inzicht geven.
Verschillende auteurs stellen de Indo-germaanse cultuur (waar zowel de Kelten als de Germaanse stammen onderdeel van uitmaakten) voor als een **phallische cultuur**. Door welke oorzaak dan ook (genoemd worden landbouwcultuur en religie) was er een arbeidsverdeling ontstaan tussen vrouwen en mannen, en was er tevens een verschil ontstaan in waardering van vrouwelijke en mannelijke activiteiten en karakteristieken. Het 'mannelijke' werd daarbij superieur geacht aan het 'vrouwelijke'. Waar het mannelijke als ideaal werd gesteld was het vanzelfsprekend dat alles wat niet aan dat ideaal voldeed als minderwaardig werd beschouwd. Dit minderwaardige werd uitgedrukt in het woord **argr**.[4]
In het Nederlands vinden we dit woord terug in termen als erg, ergeren, arglistig en argwaan. Gisela Bleibtreu-Ehrenberg verbond met dit begrip de drie eigenschappen lafheid, ongeschiktheid voor de strijd en homoseksualiteit.[5]
Martin Larsen, een filoloog die de Edda in het Deens vertaalde,

schreef dat argr het grofste scheldwoord was dat in het Oudnoors bestond. Als het in verband met een man gebruikt werd, betekende het niet alleen dat hij vrouwelijk was, maar ook dat hij zich als een vrouw voor de geslachtelijke omgang liet gebruiken.[6] Thorkil Vanggaard gaf in zijn boek *Phallus* talloze bewijsplaatsen in oud-scandinavische geschriften waarbij de man die actief anaal seksueel verkeer bedreef een bewonderde man bleef, terwijl de passieve partner als vernederde, 'als vrouw', verguisd werd. Hoewel de gebruikte teksten in een latere tijd zijn opgeschreven gelden ze als vrij zuiver, omdat geen Romeinse overheersing had plaatsgevonden. Vanggaard liet zien hoe het verschil in waardering van mannelijk en vrouwelijk, actief en passief, in de gehele Indo-germaanse cultuur gegolden heeft.[7]

Ook in het klassieke Griekenland waar in bepaalde tijden alleen een bepaalde sociale vorm van homoseksueel gedrag geaccepteerd werd, de **paiderastia**. Het begrip *μαλαχός* (**malachos**) werd gebruikt voor seksueel-passieve verwijfde mannen, terwijl de term ook verbonden was met lafheid.[8]

Iemand anaal seksueel gebruiken was in de Indo-germaanse wereld verbonden met iemand vernederen of onderwerpen.

Tacitus schreef over Romeinen die gevangen jonge Batavieren seksueel misbruikten.[9]

De Romeinen maakten ook deel uit van de Indo-germaanse cultuur, zodat hetgeen daarover hierboven vermeld staat ook op hen van toepassing is. Onderzoeken van onder anderen Numa Praetorius en Gisela Bleibtreu-Ehrenberg bevestigen dat.[10]

Aanvankelijk werd homoseksueel gedrag alleen bestraft als een meerderjarige vrije Romein seksueel verkeer had met een vrije minderjarige Romein van onbesproken gedrag, of als er sprake was van homoseksueel contact in het leger.[11]

In de voorchristelijke tijd werd homoseksueel gedrag door de Romeinen niet bestraft, maar wel als iets oneervols gezien. Een reden waarom de Romeinse maatschappij in deze periode betrekkelijk tolerant was op dit vlak, heb ik nergens kunnen vinden. Mogelijk aanvaardde men homoseksueel gedrag als onderdeel van de — niet altijd even hoog gewaardeerde — Griekse invloed op de Romeinse cultuur. Cicero (ongeveer eerste eeuw voor het begin van onze jaartelling) gebruikte verhullend de uitdrukking **graeculi comites** (grieks gezelschap).[12] Voor de passieve partners werden aparte uitdrukkingen gebruikt als **delicatus** (lustknaap, in verband met verwijfdheid) en **mollis** (verwijfd type).[13]

De vroegchristelijke tijd en middeleeuwen

Pas onder de christelijke keizers werd homoseksueel verkeer tussen mannen geleidelijk strafbaar gesteld. Een bepaling tijdens de regering van Constantijn uit 326 stelde straffen in het vooruitzicht voor mannen die als vrouw met andere mannen huwden.[14]
In een edict van de keizers Valentianus, Theodosius en Arcadius in 390 werd goedgekeurd dat schandknapen in Rome die anaal seksueel verkeer ondergingen met de openbare vuurdood bestraft werden. De keizers wezen op het algemeen belang, omdat de bedoelde praktijken de oude kracht van het volk ondermijnden.[15] Of de Romeinse voorschriften de toenmalige bewoners van de Rijn-Maas-Scheldedelta beïnvloed hebben, is natuurlijk maar de vraag. De niet-Romeinen bleven volgens de wetten van hun eigen volk leven. Bovendien zal de invloed van Rome op die afstand minder sterk gevoeld zijn. Voor zowel Kelten, Germanen als Romeinen gold dat opvattingen over homoseksueel gedrag en seksueel verkeer afgehangen zullen hebben van plaats, periode en sociale gelaagdheid. Maar ondanks de verschillen tussen bijvoorbeeld de Griekse en Ierse streken, tussen stad en platteland, tussen patriciërs en slaven, kan in het algemeen gezegd worden dat passief seksueel gedrag van een man veroordeeld werd.
Boswell kwam tot de conclusie dat de Romeinse maatschappij, tenminste in haar stedelijke centra, voor het grootste deel homoseksuele mensen niet van anderen onderscheidde, en homoseksuele interessen en praktijken als een normaal deel van het bereik van menselijke erotiek beschouwde.[16]
Deze opmerking lijkt me door de grove generalisatie niet bewezen.

Met het verdwijnen van de Romeinse overheersing losten ook de stedelijke woongemeenschappen en culturele centra zich op in de geschiedenis. Bronnen over deze periode zijn er nauwelijks. In de loop der eeuwen vormde de christelijke kerk een groeiend centraal gezag dat steeds meer invloed op het dagelijks leven ging krijgen. De christelijke kerk had uitgesproken afwijzende ideeën over homoseksualiteit die zowel op het Oude als het Nieuwe Testament gebaseerd waren.[17]
De historische achtergrond van de totstandkoming van deze teksten doet hier niet ter zake. De interpretatie ervan liet in ieder geval niets aan duidelijkheid te wensen over.
Aanvankelijk stelde de Kerk zich gematigd op wat de bestraffing van homoseksueel gedrag betrof. Men werd voor een bepaalde periode van de sacramenten uitgesloten, waardoor de gestrafte buiten zijn gemeenschap kwam te staan.

Bij de wereldlijke overheden zien we soms castratie als straf vermeld. Daar konden nog andere straffen bijkomen.[18] De wetgeving van de Oostromeinse keizer Justinianus in het jaar 538 was ongekend streng: de dood door het zwaard. In deze tekst werd voor het eerst het woord **sodomie** gebruikt om homoseksueel gedrag aan te duiden.[19]
Van Karel de Grote vinden we in een bepaling de vuurdood als straf op zowel actief als het passief ondergaan van homoseksueel verkeer.[20]
Over de toepassing van de verschillende wetten en bepalingen is vrijwel niets bekend.

In de elfde eeuw, bij de opkomst van de stedelijke cultuur, schijnt men niet al te hard tegen homoseksualiteit te zijn opgetreden. Er zijn zelfs veel voorbeelden van homoseksuele elementen in de literatuur.[21]
Vanaf de tweede helft van de twaalfde eeuw kwam er een snel groeiende vijandigheid ten opzichte van homoseksualiteit. Talrijk zijn de bronnen waarin melding werd gemaakt van de meest wrede bestraffingen die zowel mannen als vrouwen konden gelden. Een probleem bij het onderzoek naar homoseksueel gedrag is dat de term sodomie die daarvoor gebruikt werd, in de loop der tijd verschillende betekenissen kon hebben. Seksueel contact tussen personen van hetzelfde geslacht, seksueel contact tussen christenen en joden of seksueel contact met dieren.[22]
Een ander veel gebruikt begrip was **boughernie**, dat zowel kon duiden op homoseksueel verkeer als ketterij. Hiervan werden het Engelse **buggery** en het Nederlandse **buckerije** afgeleid. Ketterse bewegingen werden vaak van homoseksuele praktijken beschuldigd.[23]
Homoseksueel verkeer werd meestal in verband gebracht met alles wat de middeleeuwse christelijke samenleving volgens de Kerk bedreigde. Het was het werk van de duivel. Alles wat er aan herinnerde moest vernietigd worden. Zelfs het woord er voor durfde men vaak niet uit te spreken. **Peccatum mutum**, of **crimen nefandum**, de **stomme zonde** en ook wel de **roepende zonde**, of **krijtende zonde**, verhulde de zaak waar men over sprak.[24]
Het vaak niet durven omschrijven van de verafschuwde daden en het praktisch altijd verbranden van de processtukken tezamen met de sodomiet hebben tot resultaat gehad dat de werkelijke omvang van de vervolging van de sodomieten en inzicht in hun leven ontbreken. Het valt te betwijfelen of homoseksueel gedrag als een zelfstandig verschijnsel ervaren werd. Daarnaast moeten we rekening houden met het verschil dat er geweest zal zijn tussen voorschrift en dagelijkse gang van zaken.

Wel was de opvatting algemeen dat anaal seksueel verkeer tussen personen van hetzelfde geslacht een ernstige zonde was, die de gemeenschap, als ze zich daar niet voldoende tegen zou verzetten, met allerlei straffen bedreigde, zoals eens Sodom en Gomorrah ten deel vielen.[25]
De crises aan het einde van de middeleeuwen, de pest, de hongersnoden en de oorlogen werden als zulke straffen gezien. De vele terechtstellingen van sodomieten, met die van heksen, ketters en joden stonden hier nauw mee in verband.
In tijden van crises kan iedere afwijking van de norm tot oorzaak van het onheil worden bestempeld.

De nieuwe tijd

Aan het einde van de middeleeuwen was het gedaan met het absolute kerkelijke gezag. Ontdekkingsreizen, uitvindingen en nieuwe denkwijzen beïnvloedden de 'eeuwige' waarheden.
In het humanistische denken en in artistieke uitingen kwam de mens centraler te staan. De reformatie brak de kerkelijke macht. Wat niet veranderde was de verachting voor homoseksueel gedrag. Calvijn en Luther, door hernieuwd bijbelonderzoek gesteund, probeerden door beschuldigingen van sodomie de roomse kerk in een kwader daglicht te stellen. De kloostergemeenschappen, die uitsluitend uit mannen of vrouwen bestonden, waren per definitie verdacht. De roomskatholieke kerk probeerde zich in haar contra-reformatorische vuur te zuiveren van iedere verdachtmaking. Daarnaast probeerden de overheden van de zich vormende nationale staten een vastere — juridische — greep op de bevolking te krijgen. De sodomieten stonden in die tijd tussen hamer en aambeeld. Het was midden in de achttiende eeuw, dat in ons land de zwaarste vervolging zou plaatsvinden van overtreders van het verbod op sodomie.

Ruim vóór de grote vervolging, vinden we in mei 1705 de eerste strafbepaling tegen sodomieten in ons land, namelijk in de 'Articul-Brief ofte Ordonnantie op de Discipline Militaire' waarin bepaald werd dat '*onnatuyrlijke misbruyken na exigentie van Saecken aen lijff off leven*' gestraft zouden worden.[26]
Bij de Vrede van Utrecht in 1713 kwamen nogal wat sodomitische praktijken aan het licht onder de vele voor de onderhandelingen samengekomen buitenlanders. Sommigen vermoeden dat hieruit de aanduiding **utrechtenaar** voor een homoseksueel ontstond.
Het lijkt mij echter meer voor de hand te liggen dat het begrip ontstaan is in 1730, toen uit de bekentenissen van Zacharias Wilsma

bleek, dat er door de hele Republiek heen een netwerk van homoseksuele relaties bestond, dat zich zelfs uitstrekte tot over de landsgrenzen. Over de sodomietenprocessen zijn vooral de laatste jaren veel publikaties verschenen.[27]
Voor zover ons bekend is, zijn 289 personen vervolgd geworden, en vervolgens merendeels gefolterd en verbannen (70) of ter dood gebracht (113).[28]
Veel personen vluchtten. Omdat ze zich aan *'het vuyle werck'* hadden schuldig gemaakt, of omdat ze bang waren daarvan beschuldigd te worden.
Als oorzaak van de plotselinge golf van vervolging worden in publikaties allerlei redenen aangegeven. Vaak wordt de 'paalworm' genoemd, die in die jaren de Nederlandse zeeweringen aantastte. De Republiek dreigde ten onder te gaan zoals eens Sodom. Een andere veel aangevoerde reden is de economische achteruitgang van de Republiek.
Echt dramatische zaken hebben zich in die jaren echter niet voorgedaan. De achteruitgaande economische trend was al veel eerder ingezet en de schommelingen in de tarwe- en roggeprijzen waren niet buitenproportioneel. Wilhelm Abel omschrijft deze periode met 'stagnatie'.[29] 1730 gold zelfs als een 'goedkope tijd'. De tarwe en rogge brachten op de beurs in Amsterdam extreem lage prijzen op, wat vooral voor de steden gunstig was.
De meest voor de hand liggende reden voor de plotselinge vervolging van de stomme zonde lijkt mij de aard van de eerste bekentenissen die nogal bedreigend moeten zijn overgekomen. Tot dan toe werden de zaken altijd in stilte afgehandeld.
In 1702 bleek het Hof van Holland immers al op de hoogte van een en ander.[30]
Er bleek toen een tot op zekere hoogte georganiseerde subcultuur te bestaan waar ook belangrijke personen deel van uitmaakten. De sodomieten hadden bepaalde eigen tekens, codewoorden (als **nigt** en **bij de heeren lopen**) en bijnamen. Er waren binnen- en buitenshuis ontmoetingsplaatsen (**lolhuizen** en **kruisbanen**), vooral veel in Den Haag, maar ook in Amsterdam.[31]
De vervolgingen hadden een dusdanig grote onrust in het land tot gevolg, dat ze vrij spoedig weer ophielden. Excessen als die van Rudolf de Mepsche in het Groningse Zuidhorn waren een te groot gevaar. De Mepsche zag in beschuldigingen van sodomie de mogelijkheid om zich van zijn — politieke — tegenstanders te ontdoen. 24 september 1731 vonden 24 mannen de dood.[32] Wel bleef het plakkaat van kracht dat de Staten van Holland en West-Friesland op 21 juli 1730 afgekondigd hadden, en waar op sodomie de publiekelijke doodstraf gesteld werd. Men wilde nu dat het verschrikkelijke

kwaad in de openbaarheid kwam, zodat het de mensen zou afschrikken.
Minder bekend dan de vervolgingsgolf van die dertiger jaren zijn de golven van de jaren 1764—1765 (17 vonnissen in Amsterdam) en 1796—1799 (37 vonnissen in Amsterdam).[33]
Het aantal bekende procedures geeft slechts beperkt weer wat voor onrust de vervolgingsgolven moeten hebben gebracht. Het aantal indagingen was vele malen groter en het aantal gevluchten liep in de honderden.
In 1765 werd het plakkaat van 1730 opnieuw rechtsgeldig verklaard.[34]

De procedures in de zestiger jaren in de Amsterdamse 'Secreete confessieboeken' geven een vrij nauwkeurig beeld van het sodomieten-leven in die stad. Mannen ontmoetten elkaar in de kerk (vooral in de Nieuwe Kerk) en het stadhuis, of op de Nieuwe Zijds Achterburgwal tegenover de toenmalige Brouwerij de Hooyberg. De mannen liepen langs elkaar met de armen in de zij, stootten elkaar aan en keken om. Als door middel van dit soort tekens contact was gemaakt ging men naar een van de nabijgelegen **publieke secreeten** die bijnamen konden hebben zoals **juffrou de Lange** onder de Langebrug. Het beeld heeft een opvallende gelijkenis met de manier van contact zoeken in de twintigste eeuw.[35]
Bij de processen tegen sodomie aan het einde van de achttiende eeuw vallen twee zaken op.
Ten eerste beperkte men zich bij het straffen tot opsluiting of verbanning, en ten tweede werden nu ook vrouwen veroordeeld. Tussen 1790 en 1810 werden 65 rechtszaken met betrekking tot sodomie gehouden. In het in 1809 ingevoerde Crimineele Wetboek vinden we in artikel 326 de jarenlange eenzame opsluiting en eeuwige verbanning terug.[36]
Lang bleef deze wet niet van kracht. Toen 1 januari 1811 het koninkrijk Holland als Franse provincie werd ingelijfd, trad de Code Penal in werking, waardoor homoseksueel verkeer op zich niet meer strafbaar was. Deze situatie zou precies honderd jaar blijven bestaan. Dat betekende niet dat homoseksuele contacten een aanvaard verschijnsel werden. De publieke afkeuring en minachting bleven, terwijl de overheid de homoseksuelen op andere rechtsgronden aanpakte. Bijvoorbeeld voor schennis van de openbare eerbaarheid. Voor homoseksuelen vielen de straffen twee- tot driemaal zo zwaar uit als voor niet-homoseksuelen.[37]
Toen van christelijk-politieke zijde in 1886 een poging werd ondernomen om homoseksueel contact weer strafbaar te stellen, werd dit van liberale zijde onmogelijk gemaakt omdat die van mening waren

dat eventuele vervolging van homoseksuelen de rust in de Nederlandse gezinnen zou verstoren.
Geheel volgens de eeuwenoude traditie sprak minister Modderman toen over *'dat onnoembare waarvoor onze taal geen woord bezit.'*[38]
Pas in 1911, door het drijven van minister Regout van de Rooms-Katholieke Staats-Partij zou Nederland in artikel 248bis van het Wetboek van Strafrecht weer een wetsartikel krijgen dat homoseksuelen onderscheidde van anderen.

Wetenschappelijk onderzoek

Halverwege de negentiende eeuw begonnen van medische zijde publikaties te verschijnen over homoseksualiteit.[39] Veel invloed oefenden de geschriften uit van de jurist Karl Heinrich Ulrichs, die in het begin publiceerde onder het pseudoniem Numa Numantius. Hij stelde dat homoseksuele mannen geboren werden met een mannenlichaam maar met een vrouwelijk gerichte seksualiteit. Homoseksuelen vormden een **Zwischenstufe**, een tussentrap tussen de seksen, een **derde geslacht** naast mannen en vrouwen. Hij noemde het **urningen** (of **uranisten**) welke naam hij afleidde van Aphrodite Urania, de beschermgodin van de knapenliefde, uit Plato's 'Gastmaal'. Deze benaming zou tot de Eerste Wereldoorlog in studies de meest gebruikte aanduiding voor homoseksuelen zijn.
Een concurrent van Ulrichs op zijn onderzoeksgebied was Karl Maria Kertbeny die zich ook wel bediende van het pseudoniem Benkert. Hij mengde zich in de discussie over het al dan niet zwaar bestraffen van sodomie, die gevoerd werd tussen de liberale Duitse minister van justitie Leonhardt en de conservatieve minister van onderwijs Von Mühler.[40] Kertbeny, die zich tegen Ulrichs afzette en in 1869 zijn eigen term voor sodomie, **homoseksual** construeerde, stelde dat een homoseksueel een persoon is bij wie een aangeboren drift of onveranderlijke geestelijke gesteldheid hem dwangmatig seksueel gericht doet zijn op het eigen geslacht.
De conservatieve Von Mühler won overigens van de liberale Leonhardt en sinds 1871 werd door middel van § 175 de homoseksualiteit in het Duitse keizerrijk bestreden. Belangrijke onderzoekers als Von Krafft Ebing (in zijn *Psychopathia sexualis* van 1870) en Freud bestempelden homoseksualiteit als een perversie.
Wat de uitkomst van de diverse wetenschappelijke onderzoeken ook was, ze kwamen op één punt overeen. Homoseksualiteit werd uit de zonde-sfeer gehaald, en in de medisch-biologische sfeer gebracht. Waarbij de discussies zich toespitsten op de vraag of het aangeleerd dan wel aangeboren was, een ziekte dan wel biologische variant, en

of men het genezen dan wel aanvaarden moest.

De man die een onuitwisbaar stempel op deze discussie gedrukt heeft was de arts-seksuoloog Magnus Hirschfeld. Hij ontwierp de theorie van de **Sexuelle Zwischenstufe** die inhield dat tussen het prototype van de man en van de vrouw, allerlei biologische en psychische overgangsvormen zouden bestaan.
Hirschfeld bestreed de Duitse anti-homowet, § 175 en richtte in 1897 het Wissenschaftlich Humanitäres Komitee op (voortaan hier als WHK afgekort). In zijn geschriften (het eerste nog onder pseudoniem Theodor Ramien) voerde hij wetenschappelijke en humanitaire bewijzen aan waarom homoseksuelen als derde geslacht geaccepteerd zouden moeten worden. In de kern van het WHK werkten al snel twee Nederlanders: L.S.M.A. von Römer en J.A. Schorer; personen die een belangrijke rol in de Nederlandse homo-emancipatiebeweging zouden gaan spelen.

In Nederland verschenen later dan in Duitsland, Frankrijk en Engeland publikaties over homoseksualiteit. De belangrijkste waren die in 1894 van D. de Snoo, die het leven en lijden van een homoseksueel beschreef in *Drie gevallen van aangeboren 'Conträre Sexual-Empfindung'* en van J. Schoondermark die zijn pleitrede 'Van den verkeerden richting, of man-mannenliefde en vrouw-vrouwenliefde' besloot met *'Men hebbe dus diep medelijden met, geen verachting voor de homosexueelen'.*[41] Een houding die nog lang in de discussie rond homoseksualiteit te horen zou zijn. Met nam het dan op voor de edele uranist die zich geslachtelijk onthield.
Toen de arts A. Aletrino op het Vijfde Internationale Congres voor Criminele Anthropologie in 1901 in Amsterdam het uranisme als een normale variatie van de geslachtsdrift waagde te verdedigen, kreeg hij van zijn vakbroeders uit binnen- en buitenland de wind van voren.
De antirevolutionair Abraham Kuyper reageerde in het parlement in 1902 en nog eens in 1904 met het voorstel voor een speciale strafbaarstelling van homoseksuele handelingen. Kuyper viel tegelijk de door Von Römer uitgegeven brochure *Ongekend leed* aan.

De groeiende publieke aandacht voor homoseksualiteit door de geschriften van onder anderen Von Römer en Aletrino (soms onder het pseudoniem Karl Ihlfeldt) en het toegenomen aantal literaire publikaties al of niet omgeven met een schandaal, hebben naast positieve ook negatieve gevolgen gehad.
De zedenmeesters maakten zich op om het land te bewaren voor toestanden als — alweer — in Sodom en Gomorrah. Bij de behande-

ling van de voorstellen tot wijziging van het Wetboek van Strafrecht herhaalde het katholieke kamerlid E.R.H. Regout wat hij al jarenlang voorgesteld had: strafbaarstelling van homoseksueel verkeer. Zodra Regout de zieke minister Nelissen in 1911 opgevolgd was, zag hij zijn kans schoon. Artikel 248bis werd ingevoerd dat op seksueel contact tussen een minderjarige en een meerderjarige van hetzelfde geslacht, voor de meerderjarige maximaal vier jaar gevangenisstraf stelde. De Tweede Kamer stemde maart 1911 met 50 tegen 34 voor het wetsontwerp. Tevergeefs zette een man zich in om dit wetsartikel te voorkomen: jhr. mr. J.A. Schorer, die sinds 1903 ervaring had opgedaan in de strijd tegen § 175 in het Duitse WHK. Schorer richtte in april 1911 een Nederlandse afdeling van het WHK op waarin ook nog plaats namen M.J.J. Exler en de eerder genoemde Aletrino en Von Römer. Deze Nederlandse afdeling (in 1903 had Von Römer al vergeefs geprobeerd deze op te richten), sedert de Eerste Wereldoorlog Nederlandsch Wetenschappelijk Humanitair Komitee geheten (voortaan hier als NWHK afgekort) zou een belangrijke rol gaan spelen in de emancipatie van de Nederlandse homoseksuelen.[42] Zoals 248bis de reactie was op een toenemende roep om begrip voor homoseksuelen, zo werd dat zelfde artikel het deeltje, waar om heen de bewustwording van homoseksuelen zich kon uitkristalliseren.

Het NWHK, dat zich vanaf het begin tot zowel homoseksuelen als heteroseksuelen richtte, werd gesteund door 129 bekende Nederlandse personen waaronder artsen (Rutgers), advocaten, kunstenaars (Van Doesburg), ambtenaren, letterkundigen (Heijermans), leraren, architecten (Berlage), industriëlen en hoogleraren (Bonger), die de volgende verklaring onderschreven:[43]

> *'In de overtuiging dat de meeste menschen uit onkunde een geheel onjuist inzicht in het uranisme hebben, en dat dit voor veel uraniërs een bron is van veel onbillijk over hen gebrachte ellende, doen de ondergetekenden — zonder dat zij daarmede te kennen willen geven dat zij alles zonder uitzondering in voorgaande brochure onderschrijven — een beroep op alle welmeenende menschen om hun oordeel te herzien en ook de uraniërs rechtvaardig te beoordelen.'*[44]

3. DE TWINTIGER EN DERTIGER JAREN

Schandalen in de twintiger jaren

Het Wetenschappelijk Humanitair Komitee was tot 1919 een afdeling van het Duitse WHK en de eerste jaarverslagen verschenen in het Duits in de *Vierteljahrberichte* die door Hirschfeld werden uitgegeven. De belangrijkste activiteiten van het NWHK, voornamelijk belichaamd in de persoon van Schorer, was het opbouwen van een bibliotheek, het ondersteunen en stimuleren van wetenschappelijk onderzoek, het uitgeven van jaarverslagen en het helpen van homoseksuelen die hun nood kwamen klagen. Vooral de verspreiding van de jaarverslagen en folders hebben een belangrijke rol gespeeld. Nadat het NWHK in 1918 34.000 folders verspreidde, speciaal onder personen die te maken hadden met onderwijs en opvoeding, reageerden de tegenstanders — voornamelijk van katholieke zijde — scherp. Na 1920 verscheen het NWHK-jaarverslag niet meer tot 1933.
Als reden wordt door onderzoekers vaak de financiële problemen van het NWHK aangevoerd. Het lijkt mij niet onmogelijk dat een en ander indirect te maken heeft gehad met het Haagse zedenschandaal van 1920.

Nadat de door Hirschfeld uitgebrachte voorlichtingsfilm *Anders als die Andern* in februari 1920 twee weken zonder problemen in het Rotterdamse Astoriatheater gedraaid had, werd hij in het Haagse Centraaltheater vertoond. Schorer leidde de film in en geen van de aanwezigen, waaronder politieambtenaren, pers en doctoren, maakte bezwaren. De wel uitgenodigde maar niet verschenen burgemeester Patijn verbood de film op aandrang van het christelijke gemeenteraadslid Van As, omdat van de film een besmetting zou kunnen uitgaan.[1]
Een paar dagen erna, 12 maart, werden de krantenlezers opgeschrikt door een '*uitgebreid zedenschandaal van niet nader te omschrijven aard, waarbij ook personen uit de meer gegoede standen betrokken*' waren. Een dag later meldde men dat tien heren ingesloten waren en dat er ongeveer vijfenzeventig jongens van 12 tot 20 jaar bij het misdrijf betrokken waren dat in Laren (Noord-Holland) en Den

Haag gepleegd was.[2] Het katholieke dagblad *De Maasbode* besteedde wat uitgebreider aandacht aan de zaak, onder de kop *'Waakzaamheid geboden'*. De militaire politie was de zaak op het spoor gekomen doordat het hun opgevallen was dat enkele miliciens die delicten gepleegd hadden, contacten onderhielden met *'verdorven sujetten'*. In het onderzoek dat al vier weken duurde waren ongeveer veertig personen als verdacht gesignaleerd. *'Haar speurzin ontdekte zoveel droevig wild, dat een ware klopjacht kon worden georganiseerd en zij ten slotte als resultaat van hare bevindingen den toestand "hopeloos" moest heeten.'*[3]
In *het Vaderland* van 19 maart werd op de voorpagina verband gelegd tussen opvoering van de film *Anders als die Andern* en de kort erna ontdekte zedenmisdrijven.
De verhoogde politie-activiteit moet de angst voor ontdekking of moeilijkheden vergroot hebben bij velen die het werk van Schorer — financieel — steunden. Zoals gezegd verscheen het jaarverslag van het NWHK niet meer tot 1933.
In de twintiger en dertiger jaren ontstonden talrijke schandalen rond mannen die zich schuldig gemaakt zouden hebben aan overtreding van artikel 248bis. Veel van die mannen waren actief in het onderwijs of de padvinderij. Volgens Drukker bleek 10% hopman of leider bij de padvinders te zijn.[4]
De meeste van de rechtbankzaken of schandalen kwamen niet in de pers maar konden zich wel verheugen in de dorpse of kleinsteedse roddel.
Voor een beeld van de vervolging van overtredingen van 248bis heb ik tabel 3.1 samengesteld.[5]

Tabel 3.1, aantal rechtbankzaken ter zake van artikel 248bis Wetboek van Strafrecht (ontucht met minderjarigen van hetzelfde geslacht).

jaar	*aantal*	*jaar*	*aantal*	*jaar*	*aantal*	*jaar*	*aantal*
1911	2	1921	50	1931	44	1941	49
1912	7	1922	44	1932	57	1942	36
1913	11	1923	47	1933	57	1943	32
1914	13	1924	59	1934	89	1944	*
1915	15	1925	77	1935	80	1945	*
1916	11	1926	65	1936	92	1946	67
1917	22	1927	40	1937	72	1947	134
1918	9	1928	60	1938	105	1948	150
1919	10	1929	46	1939	69	1949	236
1920	48	1930	53	1940	47		

* Voor de jaren 1944 en 1945 zijn geen gegevens voorhanden.

Bron: *Crimineele statistiek*, uitgave CBS.

Via een brochure kwam de zaak Wijsman in het nieuws. Op Oudejaarsavond 1921 werd de advocaat en procureur mr. Jacques Wijsman vermoord in de trein van Amsterdam naar Haarlem. Het weekblad *De Wereld* (oplage 3000) dat over deze zaak wilde publiceren werd door de politie in beslag genomen. Op 11 februari werd het gerechtelijk vooronderzoek afgesloten en besloot men *'niet verder te vervolgen, zulks op gronden aan het algemeen belang ontleend'*.[6]
Na deze zaak die in de doofpot gestopt werd kwamen twee schandalen in het nieuws waarbij het omgekeerde gebeurde. Het waren bewuste, door de overheid gewilde dan wel gestimuleerde affaires: de zaak Ries en het Indische zedenschandaal.

De zaak Ries

Mr. L.A. Ries, thesaurier-generaal bij het departement van financiën werd op 24 mei 1936 gearresteerd.[7]
De 17-jarige Henk Vermeulen beschuldigde Ries en zeven anderen, waaronder hoge ambtenaren, van het plegen van ontucht met hem. Vermeulen, al sinds zijn dertiende een goede bekende van de politie, was gepakt in verband met een reeks oplichtingen en probeerde door deze beschuldigingen onder rechtsvervolging uit te komen. Het lukte. De fantast Vermeulen (en wie de bronnen leest gelooft zijn ogen niet wat deze allemaal verzon en bedroog) werd kroongetuige voor de Haagse politie die hierin een mogelijkheid zag tot eerherstel van het korps na de problemen die rond de vorige hoofdcommissaris waren ontstaan.[8] De politie lichtte onmiddellijk de pers uitgebreid in. Ries vocht zijn arrestatie aan en werd 3 juni vrijgelaten omdat het arrestatiebevel niet getekend bleek te zijn, maar ook omdat voor de rechtbank geen termen aanwezig waren om het arrest voortgang te laten vinden.[9]
De rechter-commissaris deelde mee tot 19 september geen tijd te hebben om de zaak te behandelen, zodat Ries geschorst bleef in zijn functie en uit de diverse commissies werd ontslagen. Op 6 juni werd bij een huiszoeking niets gevonden. De kroongetuige Vermeulen die inmiddels weer een serie oplichtingen achter de rug had en tevergeefs had geprobeerd naar het buitenland te vluchten (ook deze oplichtingen werden niet vervolgd) nam 29 juli contact op met de advocaat van Ries en trok al zijn beschuldigingen weer in. Op 3 augustus werd Vermeulen gehoord door de waarnemend rechter-commissaris in tegenwoordigheid van de officier van justitie en de rechercheurs die hem vanaf het begin verhoord hadden. Vermeulen trok daar weer de verklaring in dat hij de getuigenis tegen Ries zou intrekken. Men had niet de moeite genomen de raadsman van Ries voor dit verhoor te waarschuwen.

Ries werd het voorstel gedaan, dat men van vervolging zou afzien als hij afstand deed van het recht om heropening van het vooronderzoek te vragen. Uiteindelijk werd 16 oktober besloten tot een buitenvervolgingstelling. Daarmee was de zaak niet af. De 'zaak Ries' was zeker geen *'Haagsch zedenschandaal'*, zoals het in de pers gebracht was, maar werd wel een **politiek schandaal**.
De liberale minister Oud, de directe meerdere van Ries, liet zijn hoogste ambtenaar onmiddellijk vallen. Drie dagen na het arrest noemde Oud Ries al *'een verloren man'*. Toen bleek dat hij ongelijk had gehad werd het voor Oud een zaak van persoonlijk prestige. Via zijn collega, de katholieke minister van justitie Van Schaik, kreeg Oud allerlei persoonlijke brieven van Ries in handen, die deze pas nadat hij een kort geding had aangespannen terugkreeg. Te veel hoge beambten waren gecompromitteerd door hun snelle oordeel over Ries.
Bij de behandeling van de justitiebegroting werd minister Van Schaik door Oud geprest om een verklaring voor te lezen over de aanwezigheid van aanvullend belastend materiaal dat er tegen Ries zou bestaan. Die verklaring was tendentieus en vol verdraaide feiten, maar werkte als een stemmingmaker: aan de minister werden geen vragen meer gesteld over zijn foute gedrag tegenover zijn belangrijkste medewerker. Ries moest en zou ontslagen worden. Oud had zich er al eens over uitgelaten: *'Er uit gaat hij; als ik iets tegen hem vinden kan dan oneervol bij wijze van straf en als ik niets vinden kan, dan op een andere wijze! Ik zal dien zwijnenstal op mijn departement eens opruimen!'*
En die andere wijze vond de liberaal Oud. Hij nam het Ries kwalijk dat deze *'aan een nota had meegewerkt welke de goede trouw van eenige ministers, justitie en politieautoriteiten poogde verdacht te maken, althans dat hij deze uitgave niet verhinderd had'*. Dit sloeg op de eerste nota die de raadsman van Ries, H.J. Bouman, over de affaire had geschreven. Ries protesteerde dat zo iemands verdedigingsmogelijkheden werden aangetast. 28 december werd hij eervol ontslagen wegens eigenschappen van karakter, geest en gemoed waardoor hem geen vertrouwen meer kon worden geschonken, en omdat hij naar binnen en buiten het benodigde gezag zou missen. Ook zonder dat de wet overtreden werd maakte artikel 248bis zo zijn slachtoffers.

De Ries-affaire, het idee van allerlei homoseksuele ambtenaren met hun kennissen, die elkaar het balletje zouden toespelen, bevestigde veel vooroordelen die men had ten opzichte van homoseksuelen, al bleek de zaak Ries op niets gebaseerd te zijn.
Veel homoseksuelen vonden het klimaat in Nederland niet zo veilig

meer. Aandacht voor homoseksualiteit voelden ze vaak als een bedreiging voor het geheim houden van hun eigen gevoelens. Een aantal homoseksuelen — al voor de Ries-affaire — vond het veiliger om naar Nederlands-Indië te vertrekken.

Het Indische zedenschandaal

Al velen hadden hun geluk gezocht in de koloniën, waar de inlandse bevolking wat makkelijker zou denken over seksuele contacten tussen mannen, toen in 1938 een groot schandaal de krantenkolommen haalde.[10] Op een gegeven moment werd de resident van Batavia gechanteerd door een paar jongens. Een getuige: *'Ik had de resident van Batavia ook wel bij nacht en ontij over de baan zien zwerven. Hij had een opvallende figuur waardoor hij ook in maanlicht herkenbaar was. Krates heette die in de wandeling, want hij had een hoge rug.'*[11]
Toen alles bekend werd probeerde de resident te vluchten, wat mislukte. Kerstmis 1938 werden een aantal personen gearresteerd, die er van verdacht werden homoseksuele contacten te hebben onderhouden met minderjarige inlandse jongens. Zentgraaff, hoofdredacteur van de *Javabode* publiceerde de namen van de doctoren, rechtskundigen, leraren, onderwijzers, handelslui, een politieambtenaar en de resident. Velen zagen in het gebeurde het gevaar van gezichtsverlies voor de blanke kolonialen tegenover de inlandse bevolking. In de katholieke *Maasbode* van 27 januari 1939 werd gesproken van een *'vergaarbak van het ergste Nederlandsche vuil'*.
De procureur-generaal en de gouverneur-generaal Tjarda van Starkenborgh Stachouwer traden hard op. Velen raakten in paniek. Talrijk zijn de verhalen over homoseksuelen die zelfmoord pleegden. Von Römer, die in Nederlands-Indië woonde zag zich genoodzaakt uit het NWHK te treden. Het verloop van de twee grote schandalen uit de dertiger jaren tekende goed de sfeer van angst, verdachtmaking en willekeur die er rond homoseksualiteit heerste. Een homoseksueel was vogelvrij.
Èn in de wetgeving, èn in de politiek, èn in het dagelijks leven gold voor heteroseksuelen en homoseksuelen **tweeërlei maat.**

Christelijke actie tegen het NWHK en homoseksualiteit

Het meten met twee maten werd gesteund en zelfs voorgeschreven door de verschillende kerken. De invloed van het geloof op de verzuilde Nederlandse bevolking was nog bijzonder groot.

Ik heb al de reactie van de antirevolutionair Abraham Kuyper beschreven op het pleidooi van Aletrino en het drijven van de katholiek Regout dat leidde tot het wetsartikel 248bis. Hun houding kwam niet uit hun persoon voort, maar uit de — eveneens hiervoor geschetste — eeuwenlange anti-homoseksuele houding van protestantse en katholieke kerkgenootschappen.
Na het overlijden van Kuyper (in 1920) en van Regout (in 1915 in Rome als de Nederlandse gezant bij de paus) namen anderen de fakkel over. Brandstapels hoorden allang tot het verleden, maar in de beeldspraak werden ze nog vaak gebruikt.
Vanuit het blad *Nederland waakzaam* van de gereformeerde Anti-Revolutionaire Partij werd voortdurend de strijd aangebonden met de Neo Malthusiaanse Bond (NMB, de voorloper van de Nederlandse Vereniging voor Sexuele Hervorming, NVSH) en het NWHK van Schorer. Zo stond er in 1938: *'Wij ontvingen dezer dagen een vlugschrift van het NWHK, dat ons aanleiding gaf de aandacht op deze gruwelijke, onmenselijke ontaarding te vestigen'.*[12] Het blad riep de katholieke minister van justitie C. Goseling op om de politie bij Schorer een inval te laten doen.

Zowel van protestantse als van katholieke zijde werden aanvallen op NMB en NWHK gecombineerd met de verdediging van de waarden van het gezin. Dat van katholieke zijde homoseksueel gedrag feller bestreden werd, kwam doordat daar organisaties waren ontstaan die zich richtten tegen de ontkoppeling van seksualiteit, huwelijk en voortplanting: de 'Bond voor Eer en Deugd' en de 'Bond voor Grote Gezinnen'.
Men was bang dat door ontvolking (*'het gummikapitaal'*) overproduktie zou ontstaan gevolgd door werkloosheid en crisis. Een van de drijvende krachten achter de Actie 'voor God' was de pater dominicaan Bender, die in 1936 in de *Katholieke Encyclopedie*, achter het trefwoord *homosexualiteit* onder andere schreef: *'Homosexueele handelingen zijn zedelijk kwaad. De homosexueele neiging zelf is geen zonde, evenmin als de neiging tot stelen in zich zonde is'* en *'De neiging tot homosexualiteit gaat in het algemeen met allerlei andere psychopatische verschijnselen gepaard'.*
In 1937 zou Bender de brochure *Verderfelijke propaganda* uitgeven, waarin hij agressief het NWHK aanviel, dat zijn jaarverslagen in grote oplagen (1936 12.000, 1937 15.000, 1938 20.000) onder studenten verspreidde.
Op een in mei 1938 in Breda gehouden lustrumcongres voor katholieke gemeenteraadsleden deelde de Arnhemse wethouder Matser mee dat hij met de minister over de postverzending van de jaarverslagen van het NWHK gesproken had. Nadat hier in het blad *De Ge-*

meenteraad dat het congres organiseerde, over geschreven was werd ook door anderen geijverd voor een verbod om het NWHK-Jaarverslag via de post te verspreiden.[13] Ook onder leiding van de Unie van Katholieke Studenten Vereenigingen werd actie gevoerd tegen het rondzenden van de jaarverslagen.

Toen onder invloed van de crisis allerlei extremistische groeperingen de kop opstaken probeerde de katholieke minister Goseling begin 1939 deze ontwikkeling te keren door een wijziging van de wet op het recht van vereniging en vergadering. Naast de doelstellingen gold nu ook de feitelijke werkzaamheid van organisaties die tegen de goede zeden ingingen.

Het katholieke propagandablad *De Opmarsch* schreef onmiddellijk: *'Wij hopen in het belang van ons vaderland, dat de Neo-Malthusiaanse Bond en het Nederlandsch Humanitair Komitee spoedig de gevolgen van de wet-Goseling zullen ondervinden'.*[14] Hoewel de 'Actie "voor God"' een elitebeweging was, kan haar houding als de algemeen katholieke gelden, zoals die door de vicarius van de psychiatrische inrichting 'Voorburg' in Vught, H. Bless in 1935 nader omschreven werd:

'Moraal theologisch is de homosexueele neiging zedelijk verkeerd omdat zij drijft tot iets dat intrinsiek zedelijk slecht is. Ook als het aangeboren is is het zedelijk slecht. (...) Zij is een abnormaliteit, een afwijking, een ziekelijke pathologische stoornis van het gevoelsleven.'[15] *'Menschen, die een homosexueele neiging hebben, maar zich weten te beheersen, dwingen onzen eerbied af.'*[16]

De invloed van Ernest Michel is beperkt geweest in de katholieke organisaties, maar Paul Luycks noemde in zijn studie over de 'Actie "voor God"' de brochure *Anti-homo* van deze katholiek-fascist wel symptomatisch. In *Anti-homo, een geschrift tegen de weekdieren onzer samenleving* uit 1929, ging Michel tekeer tegen de beweging rond J. Krishnamurti.[17]

Krishnamurti is een goeroe uit Indië die echter bedankte voor de rol van wereldleraar en zich terugtrok uit Ommen in Overijssel waar in een kamp bijeenkomsten gehouden werden. Hij wilde zijn ideeën alleen nog maar in geschriften uiten. De beweging had niets te maken met homoseksualiteit, al liepen er wel een aantal homoseksuelen rond die door de theosofische gedachten werden aangetrokken.[18]

Van Krishnamurti wordt verteld dat hij door zijn opvoeder zou zijn verleid tot homoseksuele contacten. Maar wat de achtergrond van Michels geschrift ook was, het laat weinig aan duidelijkheid te wensen over:

> *'Gij, uranische ratten; gij, onvruchtbare echtverbrekers; gij, homosexueele honden; gij lesbische krengen; gij, afgevallen priesters; gij, rottend vulsel van deze samenleving, die toch zoo graag coquetteert met Christus, maar dien gij gedegradeerd hebt thans tot een indisch homosexueeltje, tot een juffrouwachtig jongetje, tot de verpersoonlijking van uw eigen bleeke genietinkjes;'*[19]

De toonzetting van Michel was anders, maar de opvatting over homoseksueel gedrag verschilde in inhoud niet veel van bijvoorbeeld de pater dominicaan Kors, die in 1936 schreef: *'Nu na zo veel jaren Christendom de maatschappij weer ontkerstend is, kennen velen de natuurwet niet eens meer'*.[20] Het is dezelfde Kors die een rol zou spelen op het Rooms Katholiek Artsencongres dat in 1939 in Nijmegen gehouden werd. De positieve houding van de kerken zoals Lewandowski die in zijn boek *Beschavings- en zedengeschiedenis van Nederland* in 1933 dan ook schilderde, stond ver van de werkelijkheid:

> *'Gelukkig hebben de kerken heden ten dage niet alleen hun opvattingen over het anti-semitisme, maar ook hun houding tegenover het sexueele leven in het algemeen en de homosexualiteit in het bijzonder, sterk gewijzigd.'*[21]

De opvattingen binnen de katholieke kerk kwamen het meest duidelijk naar voren op het Rooms Katholiek Artsencongres van 1939.[22] J. Barnhoorn die het eerst het woord voerde sprak over *'Roekelooze en steeds driester wordende propaganda (...) dat men zonder eenige overdrijving mag spreken van een hand over hand toenemen der homosexueele ontucht.'* Hij was bang dat niet tot oordelen bevoegde personen bewust zouden worden van hun homoseksualiteit. En dat gelijke rechten voor homoseksuelen zogenaamde pseudohomoseksualiteit zou kweken. Barnhoorn legde een verband tussen de toegenomen propaganda van het NWHK, de toegenomen ontucht en de Indische en Haagse (Ries)-zedenaffaires. Bij zijn onderzoek had Barnhoorn de bereidwillige medewerking van de hoofdinspecteur van de Amsterdamse zedenpolitie J.F. van Slobbe. Deze Van Slobbe, die in deze functie actief bleef tot zijn overlijden in 1942, gold als een deskundige.[23] In een politieblad schreef hij bijvoorbeeld artikelen over 'De vervolging van homosexueelen in het begin der 18e eeuw'.[24] Door zich van een autoriteit als Van Slobbe te bedienen kon Barnhoorn al zijn suggestieve opmerkingen als feit brengen. Van de door Barnhoorn gegeven reeks aantallen processen-verbaal in Amsterdam ter zake van artikel 248bis (1932 29; 1935 87; 1937 80) kon ik slechts dat van 1932 controleren: 10.[25]

Als eerste doel van het congres noemde Barnhoorn '*wetenschappelijk gefundeerde waarheid te brengen in het moeilijke vraagstuk der homosexualiteit. Waarheid, ontdaan van positieve of negatieve gevoelsfactoren. Ontdaan van vooringenomenheid en misplaatste humaniteit, opgebouwd op logisch begrip en bewezen kennis*'. Vervolgens noemde hij als tweede doel '*het bespreken van de middelen om de goedwillende homosexueelen te helpen behandelen, te genezen als het mogelijk is, maar ook van de wegen, welke dienen te worden ingeslagen ter bestrijding van de uitwassen van de homosexualiteit, van de in zich onzedelijke homosexueele daad, van de homosexueele ontucht, van de pseudo-homosexueele verwording en van de factoren, die de uitbreiding dier verwording begunstigen, met name ook tegen de z.g. wetenschappelijk humanitaire, verderfelijke volkspropaganda*'.[26] Zoals te zien is liet de objectiviteit van het congres niets te wensen over.
De al eerder genoemde Nijmeegse hoogleraar J.B. Kors onderstreepte nogmaals dat homoseksualiteit tegennatuurlijk is, omdat in de wijsbegeerte geldt dat het wezen der dingen bepaald wordt door het doel.[27] Het sekseverschil is daarom geheel op de voortplanting gericht. De zenuwarts H. de Vries stelde zich op een wat moderner standpunt: het zou een aangeboren misvorming zijn. Het probleem was het voorkómen van verleiding, zodat de homoseksueel niet tot daden over zou gaan.[28]
De oude psychiater F.S. Meyers, die zich specialiseerde in zedenmisdadigers hing ook dit moderne standpunt aan en gaf gelijk de oplossing: '*het sexueele, gelijk een tumor te verwijderen*'.[29] Meyers was niet afkerig van castratie.[30]
G. Janssens, geneesheer-directeur van de inrichting 'Voorburg' in Vught waar ook Bless werkzaam was, wilde alleen castratie als al het andere gefaald had. Beter vond hij een langdurige opsluiting in een psychopatenasyl. Dr. A. Palies uit Avereest daarentegen vond veel baat bij castratie van zijn homoseksuele patiënten.
Samenvattend bevestigde het congres de houding van de katholieke kerk zoals die toen algemeen was: dulding van de zich onthoudende homoseksueel, naast felle bestrijding van de homoseksuele geslachtsdaad.

Castratie-discussie

De discussie over castratie op het Rooms Katholiek Artsencongres was niet zo maar uit de lucht komen vallen. Al in 1933 had G. Frets om eugenetieke redenen aan de regering om sterilisatie gevraagd. De **eugenetica** is de leer van de zuiverheid van het ras. J. van Bemmelen

die ook voordelen van castratie noemde, wees toch opname in het strafrecht af, omdat men er nog te weinig van af wist.[31] De katholieke kerk had nogal wat moeite met castratie, omdat het misschien het neo-malthusianisme in de hand zou kunnen werken. Toch zei de katholieke minister van justitie Van Schaik in een discussie over sterilisatie en castratie op 6 december 1934 in de Tweede Kamer te hopen op een speciale repressieve maatregel voor criminele, seksueel-abnormale personen.[32]
In 1935 had Bless naast hormonale behandeling ook castratie van de zogenoemde 'echte homoseksuelen' voorgesteld, zij het bij hoge uitzondering. In datzelfde jaar hield professor Stomps, bioloog en rector-magnificus, een rede bij gelegenheid van de 303-de stichtingsdag van de universiteit van Amsterdam. In plaats van hulp van de rechter wilde hij de hulp van de arts. Voor heteroseksuelen bepleitte hij castratie, voor homoseksuelen transplantatie van de geslachtsklieren. Hij was tegen sterilisatie zoals die in nazi-Duitsland werd toegepast sinds de wetten van 14 juli en 23 november 1933, onder andere ook voor schennis van de openbare eerbaarheid. Niet op zedelijke gronden, maar (Stomps:) '*omdat zij te veel tijd noodig heeft om een nuttig effect te bereiken*'.[33]
De gereformeerde dr. W. Schouten die op de rede van Stomps reageerde stelde '*tegenover het chirurgische snijden de christelijke barmhartigheid om hen die tot sexueele zonden vervallen zijn, te verheffen*'.[34]
De katholieke professor Duijnstee, die tegen sterilisatie was, zag wel mogelijkheden voor castratie bij homoseksuelen. Immers, dan waren de geslachtsklieren ziek, en zieke organen mochten worden weggenomen.[35]

Man van gezag in de castratiediscussie was de hoogleraar psychiatrie Carp, die in Leiden een kliniek had waar getracht werd van homoseksuelen weer heteroseksuelen te maken. In zijn in 1934 voor het eerst verschenen werk *De psychopathieën*, had hij zijn twijfels over sterilisatie. Hij wilde van de mensheid geen '*nationale fokvereniging van huisdieren*' maken.[36] In 1941 zou hij het hoofdstuk 'Zwakzinnigheid als sociaal en criminologisch vraagstuk' toevoegen waarin hij de nadruk legde op het voorkómen, niet uit de weg ruimen van psychopathieën.[37] Hij beval vrijwillige castratie als uiterste middel aan bij perverse persoonlijkheden die in botsing kwamen met de maatschappelijke orde en diegenen die '*zelf ernstig leed ondervinden van hun onharmonische persoonlijkheidsstructuur*'.
De discussie is uitgebreid geweest, het resultaat kan kort worden weergegeven. Van 1936 tot 1968 zijn in totaal 384 castraties verricht in klinieken voor Ter Beschikking van de Regering-gestelden

en een onbekend aantal in overige psychiatrische klinieken. Uit onderzoeken is gebleken dat homoseksuelen de grootste groep vormden onder de gecastreerden.[38]
Het zou te ver voeren hier uitgebreid de ontwikkeling te schetsen van het medische denken over homoseksueel gedrag. De eerste aanzetten hiertoe vanaf het midden van de negentiende eeuw heb ik al eerder aangestipt. In de loop van de twintiger en dertiger jaren speelde daarbij de theorie van de zuiverheid van de rassen een steeds grotere rol.
De invloedrijke August Forel, die homoseksuelen voor ernstige psychopaten hield, waarschuwde in 1905 al dat Europeanen verstandig en goed dienden te telen, en niet wachten moesten *'totdat 450 millioen Gelen goed gewapend, volkomen geciviliseerd en met groote verstandige hersenen toegerust machtiger dan wij tegenover ons staan'*.[39]

De medische, psychiatrische en biologische onderzoeken spraken elkaar vaak tegen en voor- en tegenstanders van gelijkberechtiging van homoseksuelen voerden onderzoeksresultaten aan die het best bij hun ideeën aansloten.
Zo werd veel onderzoek van harte toegejuicht door Schorer, die voor homoseksuelen op zich negatieve resultaten gebruikte om te bewijzen dat homoseksualiteit een aangeboren variant was, en dus niet strafbaar zou mogen zijn.

Al die onderzoeken zullen aan de meeste Nederlanders voorbij gegaan zijn. Homoseksualiteit was immers iets, waar men niet over sprak, laat staan iets over las. Zelfs in wetenschappelijke kringen was het moeilijk om over het onderwerp onderzoek te verrichten. Professor Taverne hield in 1933 aan de universiteit van Amsterdam een onderzoek naar 248bis tegen met de woorden *'dacht u dat ik mijn naam zou willen verbonden zien aan zulke smeerlapperij?'*.[40]
De enige plaats waar iemand mogelijk wat makkelijker enige informatie over homoseksualiteit kon krijgen was de literatuur. Als die al in een bibliotheek voorradig was en als die al niet in een aparte kast was weggesloten. Als die al in een winkel voorradig was en als de potentiële koper al naar een dergelijk werk durfde te vragen.
In de literatuur kon homoseksualiteit openlijk of verborgen beschreven staan. De ruimte ontbreekt mij hier om op enigerlei wijze een beeld te schetsen van de verschenen boeken. Een enkel werk zal in mijn verhaal ter sprake komen.

De homosexueelen; 35 autobiografieën

In hetzelfde jaar dat het Rooms Katholiek Artsencongres gehouden werd verscheen van de hand van de jurist Benno Stokvis een opvallend boek: *De homosexueelen.*[41] Heb ik hiervoor steeds beschreven hoe niet-homoseksuelen (of zichzelf niet als dusdanig bekendmakend) schreven over homoseksuelen, met het werk van Benno Stokvis veranderde dit.
In het voorwoord schreef hij: *'Zij die zich uiten in de hiergegeven levensbeschrijvingen, zijn menschen, die niet eerder spraken, die niet eerder het waagden van achter het masker waarmede zij door dit leven gaan, hun aarzelende stem te verheffen.'* Zesentwintig mannen en negen vrouwen schreven op wat het was om homoseksueel te zijn. Beter gezegd, homoseksueel te zijn in deze samenleving. Stokvis gaf het zelf in een noot al aan:

> *'Niet zonder reden zegt Havelock Ellis, l.c. pag 333 (werk Sexual Inversion, Vol II, third ed. Philadelphia 1924): "We have always to remember, and there is, indeed, no possibility of forgetting, that the question of homosexuality is a social question".'*[42]

Stokvis kreeg de autobiografieën door bemiddeling van het NWHK. Er zat een duidelijke lijn in de levensverhalen. De auteurs merkten al in hun jeugd dat zij 'anders' waren. Jongens waren meisjesachtig, meisjes deden jongensspelletjes. Vaak door kennismaking met boeken of brochures over homoseksualiteit drong bij hen het besef door dat er iets meer aan de hand was. Velen kregen problemen bij het verbergen van hun gevoelens voor de maatschappij en overwogen of deden pogingen tot zelfmoord. In een aantal gevallen waren ze slachtoffer van chantage geweest. Wat seksualiteit betrof onthielden ze zich of onderhielden ze een vaste vriendschap. Dat laatste kwam niet zo vaak voor. De mensen zochten radeloos naar zo'n vaste relatie en zagen hierin de oplossing voor hun problemen.
Veel levensverhalen geven de indruk geschreven te zijn om de ideeën van het NWHK uit te dragen. De auteurs beschouwden hun homoseksualiteit als een natuurlijke variant. Naast enkele personen die zich minderwaardig voelden, waren er ook die juist fier op hun homoseksualiteit waren.
Onder de — anoniem geschreven — levensbeschrijvingen vinden we dan ook de schrijver van de homoseksuele romans *Anders* en *Het Masker* Charley van Heezen (pseudoniem voor J.H. François), één van de oprichters van het in 1932 éénmaal uitgegeven homo-blad *Wij* (Ellenberger?) en twee van de drie latere oprichters van het blad

Levensrecht, uit welke lezerskring na de Tweede Wereldoorlog het COC zou ontstaan: Jaap van Leeuwen (verhaal I) en Niek Engelschman (verhaal III).
Omdat de schrijvers en schrijfsters uit de kennissenkring rond Schorer kwamen, gaf het boek van Stokvis geen representatief beeld van het leven van homoseksuele vrouwen en mannen en hun gedachten over hun gevoelens. Toch was het geschetste beeld het eerste en enige voor wie niets van homoseksualiteit wist.
'Leed' werd er beschreven. Veel innerlijke strijd en maatschappelijke verachting, zoals bij mr. Frits van der Jagt uit Den Haag in verhaal XVII:

> *'Met leugen en schijnheiligheid moeten we ons tegen de wereld beschermen, terwille van ons zelf en ons bestaan. Ik lijd niet onder mijn homosexualiteit, wel dat ik door anderen nooit begrepen zal worden en dat, indien mijn gevoelens aan het daglicht treden, ik uitgestooten zal worden als een paria.'*

Maar, opmerkelijk, soms ook fier:

> *'Ik draag het "andere" niet als een vervloekte last, maar met een trots, omdat ik zo vaak beleefd heb, wat de meesten niet kunnen beleven, omdat ze een minder kleurgevoelige levensfilm meedragen. Met blijheid en vastberadenheid zal ik voor mijn geluk vechten en nieuwe teleurstellingen dragen totdat ik er het beste van gemaakt heb, dat mogelijk was.'*

Aldus Niek Engelschman in verhaal III op pagina 53. Op pagina 73, in verhaal VIII schreef een streng-protestantse onderwijzer:

> *'Ten laatste rest mij nog te zeggen, dat het karakter en de persoonlijkheid van den homosexueelen mensch er volgens mij slechts mee gebaat zijn, als hij zijn homosexueelen drang niet verloochent, maar er uiting aan geeft.'*

De verzameling autobiografieën werd redelijk ontvangen, al wekte het zelfbewustzijn van enkelen van de auteurs weerstand. De hoogleraar strafrecht Van Bemmelen schreef: *'Het wekt onherroepelijk den indruk, dat hier aan den vreemdeling het recht wordt gegeven zelf zijn eigen recht te stellen. Dat de gemeenschap van normalen daartegen reageert is haar toch moeilijk euvel te duiden.'*[43]

Levensrecht

De goede ontvangst van het boek van Stokvis was er mede de oorzaak van dat een aantal personen de tijd rijp achtten om met een tijdschrift voor homoseksuelen uit te komen: *Levensrecht*. Het was overigens niet de eerste poging om homoseksuelen in Nederland met elkaar in contact te brengen.
Op 11 februari 1919 had Wim Roos het 'District Rotterdam' van het NWHK opgericht, met als doelstelling ontwikkeling en ontspanning. De politie maakte nogal veel moeilijkheden omdat ze in iedere bijeenkomst een overtreding van artikel 248bis vermoedde. De politie lichtte bovendien de werkgever van Roos in, die hem voor de keus stelde: ontslag of het opgeven van zijn NWHK-activiteiten. Roos koos op advies van Schorer voor het tweede. In de loop van 1920, bijna tegelijkertijd met het staken van de uitgave van de jaarverslagen van het NWHK, werd het 'District Rotterdam' opgeheven.
Was in 1919 Schorer bij de oprichting betrokken, in 1932 was er een poging, buiten het NWHK om, waar overigens wel een goede kennis van Schorer, Jaap van Leeuwen (sinds 1920 in het NWHK) bij betrokken was. Ook bij een eerdere poging om een blad op te richten was Jaap van Leeuwen betrokken geweest.[44]
Het blad dat in 1932 verscheen, *Wij*, was een initiatief van een groep vrienden die bijeenkwamen in café 'Bob Wijsman' in de Nes in Amsterdam, waaronder Johan Ellenberger. Het bleef tot één uitgave beperkt. Ontmoedigd, omdat zijn idee niet aansloeg, sloot Ellenberger zich aan bij het NWHK, dat toen juist — 1933 — de uitgave van de jaarverslagen hervatte.
Jaap van Leeuwen (die het pseudoniem Arent Santhorst voerde) was een echte bibliofiel. Hij vond een blad altijd al belangrijker dan een vereniging voor homoseksuelen, *'omdat het via het gehirn werkt'*.[45]

Zoals gezegd ontstond het idee voor het blad *Levensrecht* na een redelijk gunstige ontvangst van het boek van Stokvis. De totstandkoming ging met een aantal toevalligheden gepaard. Tom Rot was eigenaar van de uitgeverij 'De Ploeg' (tot 1940). J.H. François (die ook het pseudoniem Charley van Heezen gebruikte) liet bij Tom Rot in 1939 de brochure *Wat de Indische zedenmisdrijven ons te zeggen hebben* drukken, onder het pseudoniem B.Th.J. de Jongh. Op deze manier kwam Rot in contact met personen rond het NWHK, waaronder Jaap van Leeuwen.
Een medewerker van Rot, Eddy Wijnkoop, had contacten met Sneevliet, voormalig tweede-kamerlid voor de Revolutionair Socia-

listische Arbeiders Partij waarin ook Niek Engelschman actief was geweest.[46]
Het was net in de tijd dat de zakenman Johan ('Han') Diekmann (die het NWHK alleen financieel steunde) uit Brussel naar Amsterdam terugkeerde. Diekmann hielp iemand uit de problemen, die hem daarvoor uit dankbaarheid met *'een goede vriend van hem'* in contact bracht: Niek Engelschman.
Deze drie, Engelschman, die het voortouw nam en algemeen omschreven werd als de strijder, Van Leeuwen, het 'brein', en Diekmann, die het geen bezwaar vond zijn naam en girorekening ter beschikking te stellen voor een administratie en die bovendien in het bezit was van een schrijfmachine en een — zij het primitieve — stencilmachine; deze drie namen het initiatief.[47] Diekmann kende een toneelspeler in de Amsterdamse Kerkstraat *'die een heel adressenboek van homofielen in zijn hoofd had, en die werden allemaal door ons aangeschreven'*. Zondagmiddag 14 januari 1940 kwamen 18 mannen in Hotel Atlanta aan het Amsterdamse Westeinde bij elkaar om het blad *Ons Leven* op te richten, zoals aanvankelijk als naam gekozen was.[48] De naam leek opvallend op het *Wij* van 1932. Uiteindelijk werd besloten naar het voorbeeld van het Zwitserse blad *Menschenrecht* een meer strijdbare naam te gebruiken: *Levensrecht, maandblad voor vriendschap en vrijheid.* Het zou een belangrijk moment in de geschiedenis van de homo-emancipatie worden.
Schorer, die voornamelijk via de wetenschap de gelijkberechtiging van homoseksuele mannen en vrouwen bevocht (het NWHK-motto was **per scientiam ad justitiam**, door wetenschap tot rechtvaardigheid) zette zich er zelfs tegen af, bang als hij was voor Duitse toestanden van voor 1933, toen verschillende organisaties van homoseksuelen elkaar bestreden. De nieuwe weg die werd ingeslagen was dezelfde die Roos in 1919 al vergeefs probeerde: ontwikkeling èn ontspanning.[49]
Wat betreft de ontwikkeling, de wetenschappelijke rechtvaardiging van homoseksualiteit, is met enige moeite toch wel een beeld te krijgen van het vooroorlogse denken. De discussie die gevoerd werd tussen H.Y. Groenewegen en Commutator geeft een redelijk overzicht van de stand van zaken.[50] Wat ontspanning betreft is het heel wat moeilijker om een inzicht te krijgen.

Uitgaansleven en contactleggen

De mogelijkheden voor homoseksuelen om elkaar te ontmoeten waren beperkt.
Aan het begin van de twintigste eeuw schreef Hirschfeld over gezel-

ligheidsbijeenkomsten van groepjes bekenden, over een knapenbordeel in Rotterdam, over 'openbare' contacten in het Amsterdamse Vondelpark, de urinoirs en de treincoupé's en over prostitutie in de Amsterdamse Kalverstraat door merendeels Spaans- (PK: Portugees-) joodse knapen.[51]
In een Amsterdamse winkel zouden dagelijks zo'n twintig tot veertig homo's elkaar ontmoeten.[52]
Wim Roos schreef in een pamflet hoe Pasen 1918 homoseksuelen die elkaar ontmoetten in Den Haag uit Café Central en Victoria gehaald werden. Kerstmis 1918 werd iedereen die men voor homoseksueel aanzag door De Nieuwe Doelen in Den Haag geweigerd.[53]
Volgens Exler waren in Amsterdam 3 plaatsen waar een uraniër het huis bewoonde, en waar kamers ter beschikking stonden '*en eenige gemakkelijk over te halen jongelui. Het zijn dan wel geen hoogstaande Uraniërs, maar niet pervers of gedegenereerd. Zij willen slechts net als hetero's bevrediging van hun zingenot.*'[54]
Schorer kende in 1932 5 bars in Amsterdam en 3 in Den Haag.[55]
Door vraaggesprekken met oudere homoseksuelen heb ik meer informatie gekregen over de mogelijkheden om contact te leggen. Ik zal me in dit hoofdstuk beperken tot die café's die in de bezettingstijd al gesloten waren. De andere beschrijf ik bij de behandeling van de bezettingstijd.
In de Amsterdamse Warmoesstraat bevond zich **Mi Laufer**, ook wel **Madame Laufer**. Het was een grote zaak waar zowel homoseksuele vrouwen als mannen kwamen en waar ook kon worden gedanst. Henriëtte Davids en andere artiesten hebben er wel opgetreden. Mi (door de één een grote lieve vrouw genoemd, door de ander een hoerenmadam die grote sigaren rookte) lette er wel op dat niet twee knapen tegelijk naar het toilet gingen. Toen Mi Laufer opgedoekt werd, opende **Annie in de Watersteeg**, ofwel de **Bolerobar**.[56]
Een andere zeer bekende Amsterdamse homobar was die van **Bob Schepens**, in de Nes. Er stond een portier voor de deur die op een knop drukte als er een vreemde binnenkwam, zodat de muziek en het dansen ophielden. Dat mocht niet baten. Omstreeks september 1932 vond er een overval plaats van de politie. Het was op de donderdagavond, die de bijnaam 'elite-avond' had, en waar dan volgens een getuige 'echte sjieke heren' verschenen. Iedereen werd in overvalwagens geladen. Toen een van de agenten vroeg of de arrestanten het prettiger zouden vinden als de gordijntjes van de overvalwagens gesloten zouden worden reageerde een van hen met '*Och nee, dat hoeft niet, ik zal mijn voile wel neerdoen*'.[57] Iedereen werd op het politiebureau verhoord en weer vrijgelaten. In de Nes was een volksoploop ontstaan en deden zich de wildste geruchten voor; bijvoorbeeld dat er allemaal naakte jongetjes onder stoelen zouden zijn gevonden.[58]

Een man daalt de trap af naar het ondergrondse urinoir onder de Amsterdamse Munt (foto mei 1943, Gemeentelijke Archiefdienst Amsterdam).

Bob's bar werd gesloten. Na de oorlog opende de eigenaar met zijn vrouw Donsje de bar **Le Circuit** op het Spui.

Als oudste in Amsterdam werd me een bar genoemd in de Wagenaarstraat. De geïnterviewde had bij gerucht vernomen dat homo's elkaar daar ontmoetten, en was na dagenlang in de buurt gewandeld te hebben, met een groepje naar binnen gegaan, waar hij tot zijn verrassing allemaal bekenden ontmoette. Hoewel gemengd viel het homo-karakter van het publiek toch wel op. Een jongen die er toevallig verzeild raakte, slaakte bij de deur de kreet *'Het lijkt hier Póótempkin wel'* en verdween. De buurt kreeg het snel door en was er schijnbaar niet zo gelukkig mee. Op een dag kwamen ze binnen en sloegen het hele interieur in elkaar. De eigenaar die met zijn zuster het bedrijf bezat, was niet op de hoogte geweest van de gang van zaken in zijn café. Ze konden de bar niet meer heropenen.[59]
In een andere volksbuurt, 'De Pijp', in de Govert Flinckstraat, een paar huizen van de Ferdinand Bolstraat af, moet ook een café geweest zijn waar nogal wat homoseksuelen kwamen.[60]
Verder dienden **Trianon** (een nachtclub in het Hirschgebouw aan het Leidseplein), de tafels voor de ramen van **Suisse** (aan de Kalverstraat) en de leestafel en het terras van **Americain** (aan het Leidseplein) als mogelijk ontmoetingspunt voor homoseksuelen. Dat betekende slechts, dat je alleen als je op de hoogte was van het homoleven, met andere homoseksuelen contact kon leggen. De bezoekers die voor het grootste deel niet homoseksueel waren merkten niets. De bedrijfsleiding van die zaken vaak wel.
Was men bij de beruchte leestafel van 'Americain' vrij coulant, in het café naast hotel 'De Rode Leeuw' op het Damrak, en in **De Kleine Kersenboom** werden briefjes met *'niet gewenscht'* uitgedeeld.[61]
De genoemde gelegenheden waren overigens maar in vrij beperkte kring bekend. Treffend is daarom de uitspraak van één van de door mij geïnterviewden: *'Kijk, vóór de oorlog hadden we eigenlijk alleen maar de straat'*. **De straat** betekende dan in veel gevallen het contactzoeken in urinoirs. Hierover zal ik in verband met de contactmogelijkheden in bezettingstijd uitgebreid berichten.
Natuurlijk waren er voor homo's ook buiten Amsterdam ontmoetingsplaatsen. Hierover zal ik eveneens schrijven in verband met de bezettingstijd.
Wel wil ik er hier op wijzen dat een compleet onderzoek naar het subculturele leven en de contactmogelijkheden dringend gewenst is. Nog slechts een beperkt aantal jaren zullen ouderen hiervan kunnen getuigen.

Ontwikkeling en ontspanning werden als de pijlers gezien om te komen tot 'levensrecht'. Diegenen die ijverden voor gelijkberechtiging van homoseksuelen wisten dat de weg daartoe nog lang en moeilijk zou zijn. Duidelijk is dit te zien in een tekstfragment in de *Beschavings- en zedengeschiedenis van Nederland* van Lewandowski, waarbij moet worden aangetekend, dat hij hier de meer progressieve krachten verwoordde:

> *'Dit gevoel van afkeer is iets door en door natuurlijks, het hangt samen met de geheele ontwikkeling der heterosexualiteit en zal nooit verdwijnen. Dit wordt ook door de beschaafde homosexueelen begrepen, en wat zij vorderen en wenschen is dan ook slechts, niet onder wettelijke uitzonderingsmaatregelen te moeten lijden, en eenig begrip van den kant hunner medemenschen omtrent het feit, dat zij, die anders zijn, zich niet zelf anders gemaakt hebben, maar door allerlei invloeden zoo zijn geworden.'*

Die 'beschaafde homosexueelen' zelf verwoordden hun verwachtingen in een gedicht in het blad *Levensrecht* van mei 1940. Met de laatste strofe van dit gedicht dat de titel 'Pinksteren 1940' mee kreeg besluit ik mijn schets van de twintiger en dertiger jaren. Pinksteren viel in 1940 op 12 mei; de derde dag van de Duitse inval in Nederland.

'O God, wij willen ons verblijden
Verblijden voor Uw aangezicht
Dat er nu eindlijk beêtre tijden
Ook zelfs voor ons zijn aangelicht.'

4. DUITSLAND

Paragraaf 175

Tot 1847 bestond er wat betreft sodomie voor mannen en vrouwen in Pruisen wettelijk een gelijke behandeling. Na een serie wetsontwerpen (zeven in twintig jaar) besloot men om voor de uitleg van het begrip 'sodomie' de bijbelvertaling van Luther te gebruiken: *'Wenn jemand beim Knaben schläft, wie beim Weibe, die haben ein Greuel gethan, und sollen beide des Todes sterben, ihr Blut sei auf ihnen.'*
In 1843 heette het nog: *'Strafbaren Fälle der Befriedigung widernatürlichem Wollust als diejenigen präzisiert, welche zur Sodomie zu rechnen sind'.* [1]
Men besefte niet dat men door de omschrijving van Luther te gebruiken, homoseksueel verkeer tussen vrouwen straffeloos maakte. Het in 1851 als § 143 in het Pruisische strafwetboek opgenomen artikel, werd in het nieuwe strafwetboek van 1871 na het uitroepen van het Duitse Rijk als § 175 opgenomen.
Men ging uit van de homoseksuele handeling, en kende geen homoseksuele identiteit. Alleen *'beischlafähnliche'* handelingen werden bestraft. In de rechtspraak werd bepaald dat dit alleen op anaal seksueel verkeer betrekking had. De poging of het genot golden niet als strafbaar, evenmin als het alleen maar stil in elkaar liggen van de lichamen. De aanklager moest bewijzen dat de lichamen 'stotende' bewegingen gemaakt hadden.

In 1897 richtte Magnus Hirschfeld zijn Wissenschaftlich Humanitäres Komitee op, om met wetenschappelijke en humanitaire argumenten § 175 te bestrijden. Op 13 januari 1898 werd een petitie van het WHK met grote steun van artsen, leraren, juristen, schrijvers, beambten, militairen en journalisten aan de Rijksdag aangeboden en daar toegelicht door de sociaal-democraat August Bebel.
Vanaf 1899 (tot 1923) werd de strijd theoretisch onderbouwd met behulp van het *Jahrbuch für sexuelle Zwischenstufen*. Door het geven van informatie wilde men proberen om de openbare mening te beïnvloeden.

In die zelfde jaren ontstond er in Berlijn in de omgeving van de Friedrichstrasse en Unter den Linden een homoseksuele subcultuur. Die subcultuur kenmerkte zich voor mannen door een enigszins 'vrouwelijke', goedverzorgde levensstijl, terwijl lesbische vrouwen zich in veel gevallen juist 'mannelijk' en stoer gedroegen. Aanvankelijk ondervond het WHK weinig hinder bij zijn activiteiten. De angstgolf in Engeland van 1895 tijdens het proces van Oscar Wilde, die veel homoseksuelen naar het buitenland deed vluchten werd in Duitsland gezien als een bewijs dat Engeland geen moderne staat was. Dat Duitsland op het gebied van de homoseksualiteit ook een achtergebleven gebied was, werd door verschillende schandalen bewezen.
In 1902 werd Friedrich Krupp tot zelfmoord gedwongen door bekendmaking van zijn homoseksualiteit in het blad *Vorwärts*. De sociaaldemocraten probeerden zo de bewapeningspolitiek van de keizer te bestrijden. In 1907 waren de rollen omgedraaid.
Fürst Phillip zu Eulenburg, Duits gezant in Wenen, was een mysticus en pacifist. De Duitse generaals vonden dat hij door zijn intieme relatie met de Duitse keizer een ongewenste invloed had, en zij lieten publiceren dat Eulenburg homoseksueel was. Twee jaar later beweerde Adolf Brand (oprichter van *Der Eigene*) dat de Duitse kanselier Bernhard Fürst von Bülow Eulenburg beschuldigd had om zijn eigen homoseksualiteit te verbergen. Hij kon dit naderhand echter niet bewijzen en verdween voor een half jaar achter de tralies. Von Bülow trad 14 juli 1909 af, omdat hij de politieke verantwoording kreeg toegeschoven van de uitlatingen die de keizer had gedaan in een interview in november 1908 in het Engelse blad de *Daily Telegraph*. Daarbij kwam in 1909 een schandaal rond de stadscommandant van Berlijn, graaf Kuno von Moltke, dat het Duitse leger in discrediet bracht. Een onafzienbare reeks spotprenten, vooral over homoseksueel verkeer in het leger, verscheen in binnen- en buitenland. Zoals in 1895 veel Engelse homoseksuelen met de boot naar het continent vluchtten, namen veel Duitsers, onder druk van de schandalen, de wijk naar het buitenland.[2]
De druk op homoseksuelen werd nog groter na het verschijnen in 1912 van een boek van Hans Blüher, waarin deze het homoseksuele aspect van de Wandervogelbewegung (een grote stroming onder de Duitse jeugd) beschreef en het leider-idee verheerlijkte en hiermee in verband bracht.[3]

Subcultuur

In de jaren voor de Eerste Wereldoorlog had de homosubcultuur gestaag een grotere omvang genomen.
Benediktus Friedländer, lid van het WHK zette zich af tegen de 'derde geslacht-theorie' van Hirschfeld, en bepleitte een 'homorenaissance' in vergelijking met de als ideaal geschetste klassieke oudheid. In 1909 begon hij met de uitgave van het tijdschrift *Kraft und Schönheit; Zeitschrift für vernünftige Lebenshaft.* **Vernünftig** werd in Duitsland een codewoord voor 'homoseksueel'.
In 1902 werd 'Die Gemeinschaft der Eigenen' opgericht uit de lezerskring van het sinds 1897 door Adolf Brand uitgegeven blad *Der Eigene*, waarin de theorie verspreid werd dat in principe iedereen biseksueel was. Het stoere mannelijke ideaal werd benadrukt, en men richtte zich tegen de lesbische vrouwen en homoseksuele mannen die zich vrouwelijk gedroegen of travestiet waren. Het blad had een erotische pedofiele ondertoon.

Na de Eerste Wereldoorlog hadden velen in Duitsland het idee dat een nieuwe tijd aangebroken was. Hirschfeld stichtte zijn 'Institut für Sexualwissenschaft' en het communistische 'Deutsche Freundschafts Verbund' werd opgericht.
Friedrich Radszuweit die in 1922 naar Duitsland gekomen was, gaf homoseksuele boeken en bladen uit en richtte in 1923 de 'Bund für Menschenrecht' op, die zich maandelijks in de *Blätter für Menschenrecht* keerde tegen de academische belerende houding van Hirschfeld en tegen het als te pedofiel en snobistisch beschouwde *Der Eigene*. Radszuweit gaf vanaf 1926 het maandblad *Die Insel* uit. Er werden evenementen als danspartijen en boottochten georganiseerd. Binnen de 'Bund für Menschenrecht' waren de lesbische vrouwen georganiseerd in de 'Bund für ideale Frauenfreundschaft', die vanaf 1926 tweewekelijks het blad *Die Freundin* uitgaf. In totaal had de 'Bund' in 1925 zo'n 48.000 leden.[4] Vooral Berlijn werd als het homoseksuele Mekka beschouwd. Feesten, literatuur, theater, films, caféleven en homoprostitutie bloeiden als nooit tevoren. Er waren alleen al meer dan honderd café's met homoprostitutie.
Maar ook in andere steden was veel te beleven. De politie — uitgezonderd die van München — tolereerde vrij veel, omdat ze zo een overzicht kregen en lijsten en kaartsystemen konden aanleggen. De nazi's konden daar later dankbaar gebruik van maken.
Dankzij de socialisten (die in 1928 bij de verkiezingen grote winst boekten) besloot op 16 oktober 1929 een parlementscommissie het voorstel aan de regering te doen om § 175 in te trekken. Vóór dit voorstel in de Rijksdag aangenomen kon worden, verloren de

socialisten en liberalen samen echter hun meerderheid in de Rijksdag, doordat bij de verkiezingen in 1930 de nationaal-socialisten onder leiding van Adolf Hitler een grote stemmenwinst behaalden. De homosubcultuur bloeide nog een aantal jaren door. Totdat de nazi's waar konden gaan maken wat ze bij de verkiezingen van 1928 al hadden beloofd: alle homo's aan de lantaarnpalen zodra ze de macht zouden hebben.
Jim Steakley beweerde dat nazi's in 1919 al in Hamburg en elders de openbare orde verstoorden tijdens vertoningen van Hirschfelds film *Anders als die Andern* met als gevolg dat de film verboden werd.[5]
De nazi's zouden de film ook in hun bladen aangevallen hebben. Zijn mededeling komt mij onjuist voor, omdat de nazi's toen nog niet zo'n grote kracht hadden. Januari 1919 was de Deutsche Arbeiterpartei opgericht. Toen Hitler in september van dat jaar lid werd (in opdracht van de afdeling Politieke Propaganda van de Reichswehr — een soort geheime dienst — waarvan hij deel uitmaakte) was het nog slechts een kleine organisatie. Vanaf februari 1920 werd de DAP omgedoopt in National-sozialistische Deutsche Arbeiterpartei, NSDAP.[6]
Hetzelfde jaar waarin Hirschfeld na een rede in München door rechtse studenten in elkaar geslagen werd.[7]

Anti-homo-ideologie van de nazi's

De nationaalsocialistische afgevaardigde en latere minister van binnenlandse zaken dr. Frick stelde zich in 1927 op tegen het door communisten, liberalen en sociaal-democraten gesteunde plan om § 175 in te trekken met de woorden: '*Wij daarentegen zijn van mening, dat deze lieden met alle middelen moeten worden vervolgd, omdat zulke ontucht alleen maar tot de ondergang van het Duitse volk kan leiden.*'[8]
Op het door de Nederlandse Vereniging voor Sociale Geschiedenis op 15 maart 1980 in Utrecht georganiseerde congres over 'Homosexualiteit en geschiedenis', stelde de historicus Jan Rogier, dat er geen nazi-ideologie bestond ten opzichte van homoseksuelen of homoseksueel gedrag. Er zouden alleen verschijnselen te constateren zijn die samenhangen met de rest van het werelddenken over erfelijkheid en rassentheorie. Rüdiger Lautmann daarentegen stelde dat de rassentheorie, als middelpunt van de nationaalsocialistische ideologie, in wezen een seksuele theorie was. Men vond het strafbare feit van de 'rassenschande' uit ter bescherming van het nationale wezen, en de personen van een ander ras werden voornamelijk tot seksuele misdadigers (*Sexualtäter*) gestigmatiseerd.[9]

Ik zelf stel dat de houding van de nazi's ten opzichte van homoseksualiteit gebaseerd is op een combinatie van factoren waarvan de drie belangrijkste zijn **bevolkingspolitiek, de verheerlijking van het mannelijkheidsideaal** en **de angst voor het ontstaan van niet te controleren vriendengroepen op hoge posten.** Over de samenhang van homo-aversie en bevolkingspolitiek schreef Havelock Ellis: *'Overal waar de vermeerdering der bevolking een sterk gevoelde maatschappelijke behoefte is, — zooals het geval was bij de Joden in hun verheerlijking van het familieleven, en zooals het was toen de Europeesche naties gevormd werden — daar wordt homosexualiteit beschouwd als een misdaad, die zelfs met den dood moet gestraft worden.'*[10]
Over de samenhang van **homofobie** (angst voor homoseksualiteit) en de verheerlijking van het mannelijkheidsideaal kan men onder andere lezen bij Henk van den Boogaard-Schellekens, Thorkil Vanggaard en Klaus Theweleit.[11]
Mijn stelling kan ik het beste illustreren met wat de Reichsführer SS, Heinrich Himmler zei in een geheime rede die hij op 17 februari 1937 voor hoge SS-leiders in Bad Tölz hield.

> *'Seit Jahrhunderten, seit Jahrtausenden sind die germanischen Völker und insbesondere das deutsche Volk männerstaatlich regiert worden. Dieser Männerstaat ist aber jetzt durch Homosexualität im Begriff, sich selbst kaputt zu machen.'*
> *'Ich sehe es als Katastrophe an, wenn Frauenorganisationen, Frauengemeinschaften, Frauenbünde sich auf einem Gebiet betätigen, das jeden weiblichen Reiz, jede weibliche Würde und Anmut zerstört. Ich sehe es als Katastrophe an, wenn... wir Narren von Männern die Frauen zu einem logischen Denkinstrument machen wollen, sie in allem schulen, was überhaupt nur möglich ist, wenn wir die Frauen so vermännlichen, dass mit der Zeit der Geschlechtsunterschied, die Polarität verschwindet. Dann ist der Weg zur Homosexualität nicht weit.'*[12]

Er mag dan volgens Rogier geen nazi-ideologie bestaan hebben[13] ten opzichte van homoseksualiteit, de verklaring die de NSDAP 14 mei 1928 aflegde, gaf de basis weer van de anti-homo houding van de nazi's. De verklaring — die ik hieronder vertaald weergeef — werd afgelegd na een verzoek van de 'Bund für Menschenrecht' aan alle Duitse partijen die aan de verkiezingen mee deden, om hun houding tegenover § 175 duidelijk te maken.

'Het algemeen belang boven eigenbelang!
Het is niet noodzakelijk dat jij en ik leven, maar het is noodzakelijk dat het Duitse volk leeft. En het kan slechts leven, als het vechten wil, want leven betekent vechten. En vechten kan het slechts, als het zich volwassen gedraagt. Volwassen is het echter slechts als het zedigheid betracht, vooral in de liefde. Ontuchtig is: vrije liefde en teugelloos. Daarom verwerpen we ze, zoals wij alles verwerpen wat ons volk schaadt. Wie zelfs aan liefde tussen mannen of vrouwen denkt, is onze vijand. Alles, wat ons volk de teeltkracht ontneemt, tot speelbal van onze vijanden maakt, verwerpen we, want wij weten, dat leven vechten is, en dat het waanzin is te denken dat de mensen ooit broederlijk in elkaars armen zouden liggen. De natuurgeschiedenis leert ons anders. De sterke heeft gelijk. En de sterkere zal altijd van de zwakkere winnen. Op dit moment zijn wij de zwakkere. Laten we ervoor zorgen dat wij weer de sterkeren worden! Dat kunnen wij alleen, als wij de zedigheid betrachten. Wij verwerpen daarom iedere ontucht, vooral de liefde tussen mannen, omdat zij ons van de laatste mogelijkheid berooft, ooit ons volk van de slavenketens te bevrijden, waaronder het nu zwoegt.'[14]

Als reactie op de eerder genoemde beslissing van een parlementscommissie op 16 oktober 1929 om de regering voor te stellen om § 175 in te trekken schreef het partijblad van de fascisten, de *Völkischer Beobachter* op 2 augustus 1930:

'Wij feliciteren mijnheer Kahl en mijnheer Hirschfeld met dit succes! Maar u moet niet geloven dat wij Duitsers zulke wetten ook maar een dag laten gelden als wij aan de macht gekomen zullen zijn... Alle boosaardige neigingen van de jodenziel, om de goddelijke scheppingsgedachte door middel van lichamelijke omgang met dieren, broers en zusters en gelijkgeslachtigen te doorkruisen zullen wij binnenkort tot dat in de wet benoemen wat ze zijn, tot zeer minderwaardige afwijkingen van Syriërs, tot allerzwaarste, door de strop of verbanning te vergelden misdaden.'[15]

Homoseksualiteit bij de nazi's

Hoewel de nazi-ideologie uitgesproken homo-vijandig was, trok de partij ook veel homoseksuelen aan.
Zij achtten homoseksualiteit strikt een privé-aangelegenheid en von-

den de acties van het WHK en het 'aanstootgevende' feminiene gedrag van groepen homoseksuelen schadelijk voor de positie van de 'gewone' homoseksuelen. Ze scheidden hun seksuele daad van de rest van hun persoon en leven. In het dagelijks leven behoorden — arische — stoere sterke kerels het voor het zeggen te hebben. Een houding die ook niet-nationaalsocialistische homoseksuelen voorstonden. En velen zelfs nog steeds voorstaan.
In het tijdschrift van de Bund für Menschenrecht, maakten de classicistische Italiaanse afbeeldingen langzaam plaats voor stoere arische knapen, al of niet getooid met een 'Stahlhelm'.
Er waren homo's die droomden van een 'homo-utopia', omdat men wist dat de leider van de Sturm Abteilung (de SA was de knokploeg van de nazi's) Röhm ook homoseksueel was. Zijn lidmaatschap van Die Gesellschaft was in brede kring bekend. Ook in nazi-kringen zelf.
Generaal Ludendorff schreef dat Hitler in 1927 gewaarschuwd was voor wantoestanden in de SA en andere geledingen. Röhm en Heines werden ontslagen maar weer teruggehaald in de partij. Hitler nam verder geen maatregelen. Nadat de nazi-ideoloog Alfred Rosenberg felle aanvallen op de vele homoseksuelen in de nazi-top uitvoerde, werd hij door Röhm in het openbaar te kijk gezet. Toen in 1932 door een onbekende tussenpersoon zeer intieme brieven van Röhm verschenen waarin deze klaagde over het gebrek aan jongens tijdens zijn reis naar Bolivia, schaadde dat zijn carrière niet. Röhm deed een directe aanval op diegenen die de particuliere aangelegenheden van SA-mensen aanvielen en Hitler dekte Röhm bij zijn aanval.
Bij een poging in 1932 om Röhm ten val te brengen, gebruikte deze de sociaaldemocratische pers om zich tegen zijn aanvallers te verdedigen.[16] Drie weken nadat Hitler aan de macht gekomen was, 23 februari 1933, sloot de Berlijnse politiepresident Diels alle homocafé's. Op aandringen van Röhm werd deze maatregel weer teruggedraaid.[17]

Het homo-uitgaansleven kon — nog even — vrij openlijk doordraaien. Hirschfeld, jood, marxist en homoseksueel, had inmiddels echter al zoveel geweld van de nazi's moeten ondergaan, dat hij Duitsland ontvlucht was. In Parijs kon hij in het bioscoopjournaal zien hoe zijn instituut op 6 mei 1933 werd leeggehaald en hoe zijn kostbare bibliotheek op 10 mei op de Alexanderplatz verbrand werd. Jim Steakley heeft er op gewezen hoe in de naoorlogse geschiedschrijving de vervolging van homoseksualiteit door de nazi's steeds onder tafel geschoven is. Bij de beelden van de boekverbranding werd steeds vermeld dat dit het bewijs was van de cultuurbarbaars-

Het borstbeeld van Hirschfeld op weg naar de boekverbranding op de Berlijnse Alexanderplatz, in mei 1933.

heid van de nazi's. Dat het ook de boeken van het Institut für Sexualwissenschaft zijn die daar verbrand werden bleef onbekend. Symbolisch, in de vorm van zijn borstbeeld stond Hirschfeld, '*Der Oberbonze der Perversen*' boven op de brandstapel.
Medewerker van het WHK Kurt Hiller, was inmiddels op 7 maart 1933 al het concentratiekamp Oraniënburg binnengebracht.
Karl Meier, redacteur van *Der Eigene* wist in 1934 naar Zwitserland te vluchten en richtte daar het 'Schweizerisches Freundschaftsbanner' op, dat in 1939 in 'Menschenrecht' werd omgedoopt. (In de vijftiger jaren werd het 'Der Kreis'.)[18]
Radszuweit zelf was al in 1932 overleden; zijn pleegzoon werd reeds in maart 1933 naar het concentratiekamp gebracht.

Marinus van der Lubbe en het Braunbuch

In de nacht van 27 op 28 februari 1933 brandde de Rijksdag af. De geschiedschrijvers voeren nog steeds de discussie of de brand door de nazi's aangestoken werd of dat zij politieke winst haalden uit de wanhoopsdaad van de communistische Marinus van der Lubbe. In ieder geval heeft de Rijksdagbrand de nazi's in de kaart gespeeld en was het de aanleiding en rechtvaardiging van een bloedige vervolging van personen met communistische en andere linkse of progressieve sympathieën.
Van communistische zijde werd onmiddellijk actie ondernomen om te bewijzen dat de nazi's zelf de — ondemocratische — daders waren geweest. Willy Münzenberg, hoofd van het westelijke bureau van de propaganda-afdeling van de Komintern, organiseerde na de Rijksdagbrand het Wereldcomité van Kunstenaars en Intellectuelen onder patronaat van Albert Einstein. In juli 1933 werd een Nederlandsch Comité opgericht waarvan Dirk Gortzak (functionaris van de Internationale Arbeiders Hulp — Nederland) secretaris werd. Zonder het Wereldcomité er van in kennis te stellen liet Münzenberg onder naam van het Wereldcomité bij een door de Komintern gefinancierde Parijse uitgever het *Braunbuch über Reichstagbrand und Hitler-Terror* uitgeven. Münzenberg had Otto Katz naar ons land gezonden die contact opnam met de communistische en homoseksuele schrijver Jef Last. Katz tegen Last over Van der Lubbe: '*Als wij kunnen bewijzen dat hij inderdaad homo is, dan zal de stemming in de Verenigde Staten gunstig voor ons worden — dat wordt dan een geweldige slag.*'[19] Jef Last wist niet of Van der Lubbe homoseksueel was, maar bracht Katz in contact met de eveneens communistische en homoseksuele dichter Freek van Leeuwen. Deze wist dat ook niet, maar was bereid in het belang van de partij te beweren, dat Marinus

van der Lubbe hem als homoseksueel bekend was. Via Daan Goulooze (later geheim verbindingsman tussen de Communistische Partij van Nederland en de Komintern) kwam Katz in contact met personen in Leiden die Van der Lubbe gekend hadden. Uitspraken van deze personen werden verminkt in het *Braunbuch* opgenomen. Het *Braunbuch* werd in zeventien talen vertaald en in 1978 nog ongewijzigd in Duitsland opnieuw uitgegeven als zijnde een juiste weergave van de achtergronden van de Rijksdagbrand.[20] Van de Nederlandse vertaling werden meer dan 30.000 exemplaren verkocht.
In het *Braunbuch* werden allerlei verklaringen verdraaid om te bewijzen dat Van der Lubbe nooit echt deel van de CPH had uitgemaakt en een schandknaap van Röhm was. Drie radencommunistische geestverwanten van Van der Lubbe en de schrijver Maurits Dekker publiceerden uit protest een *Roodboek*. Dit leidde tot een conflict in de (voornamelijk uit communistische literatoren bestaande) groep rond het maandblad *Links Richten*. Het bestuur van de CPH eiste dat de afdelingen de medewerking van het *Roodboek* door *Links Richten*-medewerker Maurits Dekker zouden veroordelen. Diegenen die zich tegen de motie verzetten werden uit de partij gezet. Jef Last, die met enkele anderen daarop uit *Links Richten* stapte, verliet in 1938 de CPN in verband met de grote processen in de Sovjet Unie. Begin 1940 verscheen zijn boek *Kruisgang der jeugd*, waarin hij Van der Lubbe rehabiliteerde. Het kwaad was echter al geschied. Voor de trouwe communistische partijgenoten was een directe verbinding gemaakt tussen de nazi's en homoseksualiteit. *'Spätere Zeit wird feststellen, wieviel hier die unnatürliche Sexualität vieler SA-Führer mitgeholfen hat.'*[21] De grote invloed die het *Braunbuch* gehad moet hebben is helaas niet verder meetbaar.[22]
In de Sovjet Unie, waar homoseksualiteit sinds de revolutie van 1917 in de meeste gebieden niet meer strafbaar gesteld was, werd 7 maart 1934 voor de Russische Federatieve Republiek artikel 121 van kracht. Dat bepaalde dat op homoseksueel verkeer een gevangenisstraf van drie tot vijf jaar stond. Overwegingen van bevolkingspolitiek liggen het meest voor de hand bij deze wet, maar mogelijk ook angst dat in de partij allerlei niet te controleren vriendenkringen zouden kunnen ontstaan. Men voerde aan dat het een burgerlijke decadentie en fascistische perversie was.[23]
In de *Pravda* en *Izvestia* schreef Maxim Gorki 23 mei 1934 in een artikel over proletarisch humanisme:

> *'Terwijl in de landen van het fascisme de homoseksualiteit die de jeugd bederft, ongestraft ageert, is zij in het land waar het proletariaat* manmoedig *de staatsmacht veroverd heeft, tot een*

sociaal vergrijp verklaard en streng strafbaar gesteld. In Duitsland is reeds een gevleugeld woord ontstaan: roei de homoseksuelen uit en het fascisme is verdwenen.'[24]

De schrijversnaam Gorki (Aleksej Pesjkov) betekent 'bitter'. In omgekeerde zin was deze naam hier zeker op zijn plaats. Maar Gorki kon zich gesteund voelen door de opmerking van Friedrich Engels over *'die Widerwärtigkeit der Knabenliebe'.*[25]
Engels schreef in 1869 aan Marx, reagerend op *Mennon* van K.H. Ulrichs, waarin gelijke rechten voor urningen werden geëist: *'Ik ben blij dat wij beiden oud en grijs zijn, anders zitten ze ook achter ons aan.'* Hij schreef bang te zijn voor een geheime homo-organisatie (MEW XXX II/324). De leugens van Münzenberg hebben in de concentratiekampen (maar daar niet alleen) twee categorieën gevangenen, homoseksuelen en communisten eerder tegenover elkaar dan naast elkaar geplaats.
De SPD en de sociaal-democratische pers waren de communisten in 1931 en 1932 al voorgegaan om door middel van het steeds weer aan de kaak stellen van de homoseksualiteit van Röhm en anderen, de nationaal-socialistische 'jeugdverleiders' in een kwaad daglicht te zetten. Hierop was een golf van anti-homoartikelen en karikaturen gevolgd. 'Das gesundes Volksempfinden' als politiek wapen van de linkse partijen!

De vervolging

Toen Hitler eenmaal de macht had kwamen enkele groepen waarop hij steeds gesteund had met elkaar in botsing. In de SA waren veel radicale socialisten verzameld die sociale hervormingen verwachtten. Röhm zou minister van defensie moeten worden en de SA zou tot volksleger moeten worden omgebouwd. Reactionaire elementen vonden dit een bedreiging voor de Wehrmacht en voor de ondernemers. In wat later als de 'Nacht van de lange messen' zou voortleven, op 30 juni 1934 werd door de SS de SA-top, zo'n tweehonderd personen, uitgemoord.
De nazi's rechtvaardigden de slachtpartij met de beschuldiging dat Röhm een staatsgreep aan het voorbereiden was en legden er de nadruk op dat men met de opruiming de nazi-partij van perverse elementen had gezuiverd.
Inhoudelijk juist, maar in voor homoseksuelen discriminerende bewoordingen stond in het in 1935 in een Nederlandse vertaling bij de Arbeiderspers verschenen *Witboek*:

'Op de 30ste Juni is opnieuw gebleken, dat (...) de nationaal-socialistische leiding ondeugden, verkwisting en sexuele dwalingen onder haar leden duldt, zolang zij zich van deze leden bedient; de nationaal-socialistische leiding eveneens zonder bezwaar haar leden van de door haar geduldе ondeugden, verkwisting en sexuele dwalingen beschuldigt, als zij zich van deze leden wil ontdoen.'[26]

De vervolging van homoseksuelen kreeg vanaf de 'Nacht van de lange messen' vrij baan.
Hitler schreef in zijn dagorder van 30 juni 1934 aan de nieuwe stafchef van de SA Lutze, dat iedere moeder haar zoon zonder angst voor zedelijk bederf naar de partij, Hitlerjugend en SA moet kunnen sturen. Hij wil mannen, en geen **'Lächerlichen Affen'**.[27]
Himmler, leider van de SS en van de Gestapo (geheime staatspolitie) zou later verklaren dat in de eerste zes weken meer homoseksuelen voor het gerecht gedaagd waren dan in Berlijn in de vijfentwintig jaar ervoor. De vervolging nam echter zulke grote vormen aan dat de nazi's het niet konden verwerken. Op 24 oktober 1934 schreef Himmler in een telegram voor, om de gewone vervolging van homoseksuelen op te schorten tussen 1 november en 1 december, en meer de nadruk te leggen op diegenen met banden met politieke organisaties. Op een aparte afdeling werden alle gegevens van belangrijk geachte homoseksuelen verzameld.[28]
In 1934 werd de beruchte lustmoordenaar Adolf Zeeveld gearresteerd die de dood van 12 jongens op zijn geweten had. De nazi's maakten van de gelegenheid gebruik om 300.000 brochures over deze zaak op de scholen te verspreiden.
Enkele maanden later, op 28 juni 1935 werd de wet voor homoseksuelen verscherpt. Niet alleen de *'beischlafähnliche Handlungen'* waren verboden, maar zelfs al — 'volgens objectieve en gezonde volksopvattingen het schaamte- en zedelijkheidsgevoel schennende' — wellustige bedoelingen zonder verder lichamelijk contact. *'Es ist nicht notwendig dass eine körperliche Berührung stattgefunden hat oder auch nur beabsichtigt gewesen ist.'*[29]
Een maand ervoor, op 22 mei 1935 had de rechtshistoricus Karl-August Eckhardt in het SS-blad *Das Schwarze Korps* een artikel geschreven met als titel: *'Widernatürliche Unzucht ist Todeswürdig'*. Eckhardt eiste niet de doodstraf, maar doelde bij deze titel op vermeende gebruiken bij de germanen.
Het artikel bleek veel invloed op Himmler te hebben uitgeoefend; later zou hij verklaren dat het moeras injagen van homoseksuelen geen straf was maar het opruimen van deze fout van de natuur, *'das Auslöschen dieses anomalen Lebens'*.[30]

Het werk van de jurist Rudolf Klare gaf in 1935 een wetenschappelijke legalisering en zelfs aanmoediging voor de uitroeiing van homoseksuelen. Klare bedankt in zijn boek professor Erich Schwinge, die hem bij zijn onderzoek geholpen had. Dezelfde Schwinge, die ook na 1945 als hoogleraar aan de universiteit van Marburg verbonden bleef.[31]
Met het oog op de Olympische Spelen van 1936 in Berlijn gaf Himmler 20 juli 1936 aan de Gestapo het bevel geen buitenlanders voor § 175 aan te houden zonder zijn persoonlijke toestemming. Kort voor de Olympische Spelen werd er kennelijk nog even grote schoonmaak gehouden. Op een nacht werden tachtig homoseksuelen het kamp Fuhlsbüttel binnengebracht. Sinds herfst 1933 waren in dat kamp 'souteneurs' en 'homoseksuelen' als nieuwe categorieën ingevoerd. In de zomer van 1936 vonden onder andere in Hamburg, maar ook elders vele razzia's plaats. Enkele honderden homoseksuelen werden vanuit München naar Dachau gestuurd.[32]
Voor kunstenaars werd 29 oktober 1937 een uitzondering gemaakt. Zij waren vrij in hun homoseksueel-zijn, zolang ze maar niet op heterdaad betrapt werden; waarschijnlijk op voorspraak van Hermann Görings vrouw, die actrice was en zo vrienden-collega's wilde beschermen. De 'Auslöschung' verliep voorspoedig.
Het aantal veroordelingen liep snel op: voor de jaren 1934 tot en met 1937 waren de aantallen 948, 2106, 5320 en 8271.[33]

Vlak na de Olympische Spelen, 10 oktober 1936 werd de 'Rijkscentrale voor de bestrijding van homoseksualiteit en abortus' opgericht. De norm voor wat zedelijk of onzedelijk was volgde de bevolkingspolitiek. Een opvallende parallel is te trekken met de wetten tegen de zedeloosheid van 1911 in Nederland, waar naast de invoering van artikel 248bis ook abortus aandacht kreeg, en de Sovjet Unie waar eveneens homoseksualiteit en abortus tegelijk werden aangepakt. Overigens is er nog weinig bekend van de genoemde 'Rijkscentrale'. De autoriteiten van de DDR weigeren inzage in de betreffende archieven.[34]
In een toespraak op 10 oktober 1936 ging Himmler in op de relatie tussen abortus, homoseksualiteit en bevolkingspolitiek.

> *'Als Deutscher, als Nationalsozialist, stelle ich ganz nüchtern folgendes fest: Ueber die Zahl der Homosexuellen und der Abtreibungen in Deutschland streitet man sich, ich will hier keine Zahlen nennen. Nur eines darf ich Ihnen ins Gedächtnis zurückrufen: Wir sind ein Volk im Herzen Europas. Die Völker, die um uns herum wohnen, sind nicht unsere Freunde... Wenn sie aber dieses Herz Europas greifen könnten, würden sie es*

von jeder Seite gern tun und dieses Deutschland... endlich einmahl auslöschen... In der Erkenntnis dessen sind wir vor zwei Jahren bereits... gegen Verstösse gegen den Paragraph 175 vorgegangen. Wir haben die Berechtigung dazu, und zwar als Nationalsozialisten... weil wir uns nicht scheuten, gegen diese Pest auch in unseren eigenen Reihen vorzugehen... Wie wir heute in der Frage der Mischehe zwischen artfremden Rassen, so müssen wir auch in der Beurteilung der rassevernichtenden Entartungserscheinungen der Homosexualität zurückkehren zu dem nordischen Leitgedanken der Ausmerzung der Entarteten. Mit der Reinhaltung der Rasse steht und fällt Deutschland.'[35]

Niet lang na de bovengenoemde rede, hield Heinrich Himmler op 17 februari 1937 zijn geheime rede waarover in dit hoofdstuk al eerder gesproken is. Op 4 maart 1937 verscheen in het SS-blad *Das Schwarze Korps* een bewerking van deze rede.
De SS gaf op 4 april 1938 de aanwijzing dat het geoorloofd was om misdadigers na het uitzitten van hun straf in '*polizeiliche Vorborgungshaft*' te nemen wat betekende dat men automatisch na het uitzitten van een gevangenisstraf naar het concentratiekamp ging. Meestal gebeurde dit bij straffen van langer dan drie maanden. Op 12 juli 1940 kwam het decreet dat alle homoseksuelen die meer dan één partner verleid hadden na de gevangenneming naar het concentratiekamp moesten. Het *Reichs Kriminal Polizeiambt* beperkte dit door 23 juli te verordineren dat men door toe te stemmen in castratie hieraan kon ontkomen.[36] Dat men castratie toepaste lijkt in strijd te zijn met de Duitse bevolkingspolitiek. Castratie is immers beperking van potentie. Zoals ik eerder stelde was de Duitse antihomopolitiek ook gebaseerd op verheerlijking van het mannelijkheidsideaal en de angst voor aantasting daarvan. De nazi's moeten ervan overtuigd zijn geweest dat totale homobestrijding onmogelijk was. Door de homoseksuelen hun seksualiteit af te nemen, zouden ze in ieder geval hun ziekte niet verder kunnen verspreiden. Het inspelen op angst was een belangrijk bestanddeel van de bestrijding van homoseksualiteit. Een werkgroep op het Rijksministerie van Justitie die zich in 1935 bezig hield met juridische maatregelen om de voortplantingsmoraal te versterken schreef:

'*Stärker Schutz der geschlechtlichen Sittlichkeit und Gesundung des geschlechtlichen Verkehrs durch Gestaltung der Tatbestände und die der Strafandrohung muss das Ziel sein, denn die Sittlichkeit gehört zu den Grundlagen gedeihlichen Volkslebens.*'[37]

Vooruitlopend op mijn eindconclusies wil ik hier al wijzen op de re-

denen waarom wel aanzetten tot de vervolging van homoseksuelen in bezette gebieden gemaakt zijn, maar waarom nooit tot een vervolging is overgegaan op een zelfde schaal als in nazi-Duitsland.
De eerder genoemde NSDAP-verklaring van 1928 stelde al: *'Het is niet noodzakelijk dat jij en ik leven, maar het is noodzakelijk dat het Duitse volk leeft.'*
SS-Obergruppenführer Reinhard Heydrich, door Göring belast met de biologische vernietiging van de joden, stelde kort voor hij zelf vermoord werd, in een decreet van 21 maart 1942:

> *'De bestrijding van abortus en homosexualiteit moet voornamelijk de bescherming van de eigen volksaard dienen. Het zou zelfs in strijd zijn met onze belangen, als ook vreemde volksgroepen in hun levenskracht nog gesteund zouden worden. De vijanden van de volksaard zouden daarom niet bestraft maar slechts uit het Rijksgebied verwijderd dienen te worden.'*[38]

Hoewel homoseksueel gedrag in strijd was met alle nazi-idealen en daarom overal bestreden diende te worden, was homoseksualiteit bij de vijand relatief te zien als een versterking van de Duitse potentie. De homo-aversie van de nazi's toonde hier haar janushoofd. Een tweeslachtig beleid was geen onlogisch gevolg, te meer omdat ernstiger zaken te behandelen waren dan het zedenmeesteren over bezette gebieden.
Hoe ernstig homoseksualiteit in eigen kring daarentegen genomen werd blijkt uit het speciale decreet van de Führer van 15 november 1941, *'um die SS und Polizei von gleichgeschlechtlich veranlagten Schädlingen reinzuhalten'*. SS-ers en politiebeambten die met een man ontucht bedreven of zich dit lieten welgevallen werden met de dood bestraft. In minder zware gevallen kon ook volstaan worden met een tuchthuis- of gevangenisstraf van minimaal zes maanden. Alleen indien iemand onder de 21 jaar was, en verleid was geworden, hoefde er niet gestraft te worden. De regels voor de Wehrmacht bleven hier overigens uitdrukkelijk van uitgezonderd.[39] Het decreet moest geheim gehouden worden, maar ik vermoed omdat men wilde ontkennen dat in de elitekorpsen van homoseksualiteit sprake kon zijn. Mogelijk ook om onrust en valse beschuldigingen te voorkomen.

Het concentratiekamp

Het is degenen die wegens homoseksualiteit bestraft waren in de concentratiekampen slechter vergaan dan veel andere gevangenen. De

verschrikkingen van het kamp zijn uitgebreid beschreven. Hoewel het nauwelijks voor te stellen is dat er in de kampen nog erger dan erg bestaan heeft, zijn er verschillende aanwijzingen dat voor homoseksuelen het leven in kampen zwaarder is geweest dan voor andere gevangenen. Bewust heb ik het boek *Die Männer mit dem Rosa Winkel. Der Bericht eines Homosexuellen über seine KZ-Haft von 1939—1945* van Heinz Heger (Hamburg 1972) buiten beschouwing gelaten bij mijn verhaal. Het leek mij geen betrouwbare bron, al was het aanlokkelijk om van een van de schaarse homo-biografieen over het kampleven gebruik te maken. De vermelde gegevens uit derde hand gaven soms de indruk herinnerd te zijn uit andere bronnen dan het geheugen van de verteller.
De gevangenen in de concentratiekampen waren in categorieën onderverdeeld en iedere categorie (die weer haar eigen onderverdeling kende) had een eigen onderscheidingsteken. De voornaamste categorieën waren de **joden** (gele ster), **politieke gevangenen** (rode driehoek), de **criminelen** (groene driehoek), **Jehova's getuigen** (paarse driehoek), **emigranten** (blauwe driehoek), **a-socialen** (zwarte driehoek), **zigeuners** (bruine driehoek) en **homoseksuelen.** Voor homoseksuelen waren aanvankelijk verschillende 'onderscheidingstekens' in gebruik. Bijvoorbeeld gele strepen met een grote 'A' (van Arschficker), of in grote letters § 175 op de rug. Ze werden **Schwule** of **Paragraph 175-er** genoemd, maar **Warme Bruder, Sittenstrolch, Schwules Arschloch** of **Arschficker** behoorden tot de normaal gebruikte aanduidingen. Uiteindelijk werd de roze (soms foutief 'lila' genoemde) driehoek het meest gebruikte kenmerk.[40]

In sommige kampen werden homoseksuelen apart in een barak gezet om er beter controle op te kunnen uitoefenen, in andere kampen werden ze juist onder andere gevangenencategorieën verspreid om ze ergens op te kunnen betrappen. De homoseksuelen kregen vaak (niet altijd) speciale aandacht. Soms werden ze net als joden kaalgeschoren (Neuengamme), soms werden ze voor dezelfde vergrijpen in vergelijking met anderen zwaarder gestraft (Fuhlsbüttel). Soms werden medische experimenten op ze uitgeoefend, bijvoorbeeld 'omkeringsprocessen' (Grossrosen/Schlesien) of synthetische hormoonproeven (Buchenwald). Toch was de behandeling door de nazi's niet de belangrijkste oorzaak van het verschil in overlevingskansen van de **roze-driehoek-gevangenen** en de andere categorieën.
Ook de joden (buitenlandse joden nog meer dan de Duitse) waren bijvoorbeeld het voortdurende onderwerp van 'speciale' aandacht van de kampleiding. Het werkelijke verschil zat in de dagelijkse omstandigheden van de gevangenen.

Allereerst hadden de meeste homoseksuelen nauwelijks of geen banden met thuis. De familie schaamde zich, vrienden wachtten zich er wel voor om contact te houden. In het kamp zelf durfden veel andere gevangenen ook geen vriendschap te sluiten met roze-driehoek-gevangenen (ze zouden zelf voor homoseksueel aangezien kunnen worden) terwijl de enige mogelijkheid om het kamp te overleven juist bestond uit het maken van vrienden. Door vrienden (vaak van dezelfde categorie) kon promotie gemaakt worden in de kamphiërarchie, kon iemand een minder zware functie krijgen, minder slecht eten bemachtigen of extraatjes ontvangen, die weer als ruilmiddel konden dienen voor extra voedsel, medicijnen of speciale diensten. Bovendien waren veel roze-driehoek-gevangenen fysiek zwakker dan de gemiddelde gevangene. De nazi's jaagden allereerst op de meer gevaarlijke homoseksuelen op betere posities. Bovendien hadden homoseksuelen dikwijls hun beroep ooit in die richting gezocht waar zij zich in de 'gewone' maatschappij nog enigszins konden handhaven. Vaak intellectuele, artistieke of verzorgende beroepen. Tussen de mannen van de straat met hun benadrukte mannelijkheidscultus zouden velen zich niet kunnen handhaven. En achteraf zou blijken dat juist de man van de straat de meeste kans had om het concentratiekamp te overleven.
Omdat de roze-driehoek-gevangenen ook samen geen machtsfactor in het kamp konden vormen, en praktisch uitgesloten waren van de kamphiërarchie, kregen ze veelal het zwaarste werk. Vaak kwamen ze terecht in buitencommando's of liquidatiecommando's. In het Buchenwaldcommando Dora ('eindstation naar de dood') waren homoseksuelen bovenproportioneel vertegenwoordigd. Van het (zeer beperkte) aantal gevangenen waarvan de code bekend is, was 11% homoseksueel, 3% politiek en 1% Jehova's getuige. In het beperkte cijfermateriaal over de arbeidscommando's komen homoseksuelen twee maal zo vaak voor als politieken en vijf maal zo veel als Jehova's getuigen, terwijl ze een veel kleiner deel van de kampbevolking uitmaakten.[41]
De 'rozen' werden vermalen in de machtsstrijd tussen de 'roden' en de 'groenen', de politieken en de criminelen. Vooral vóór het uitbreken van de Tweede Wereldoorlog hadden de criminelen vaker de overhand. Naarmate meer gevangenen uit bezette gebieden instroomden kregen de politieken (die vaak internationaal samenwerkten) meestal de leiding. De nazi's wezen gevangenen aan die toezicht moesten houden op andere gevangenen. Deze elite van de kamphiërarchie werden kapo's genoemd van het Italiaanse Capo, dat chef betekent.
Vooral voor de politieken waren de homoseksuelen vaak onnuttige gevangenen. In de kampen zelf werd een grote politieke strijd ge-

voerd door de verschillende politieke stromingen. De communisten met hun sterke discipline en onderdrukkingservaring kwamen meestal als overwinnaars uit de strijd. Als een 'rode' kapo was en personen moest aanwijzen voor liquidatiecommando's viel de keus vaak op de 'rozen'. Met roze-driehoeken viel niet te handelen en ze waren politiek voor de 'roden' vaak niet te vertrouwen. De 'rozen' waren in wezen opgepakt omdat ze uiting gegeven hadden aan hun seksuele gevoelens, niet omdat ze tegen de fascisten streden. De fascistische ideologie richtte zich tegen homoseksualiteit, terwijl het voor kon komen dat homoseksuelen niet tegen de fascistische ideeën gekant waren. Overigens heb ik geen bron gevonden die een indruk kon geven van de invloed die het *Braunbuch* gehad heeft op de houding van de communisten ten opzichte van de homoseksuelen.[42]

De slechte positie van de roze-driehoeken betekende overigens niet dat er geen homoseksueel verkeer in het kamp plaats vond. De gewone gevangenen waren vaak te zwak en leden te veel van de ontberingen (honger, kou, geweld) om ook maar aan seksueel verkeer te denken. Een ex-kampgevangene die in vier jaar in acht concentratiekampen verbleef, vertelde dat er soms periodes van betrekkelijke rust in een kamp konden zijn, gepaard gaande met een wat betere voeding en dat verwante lotgenoten dan wel tot seksueel contact met elkaar konden komen.[43]
Maar Kogon schreef dat ze er zorgvuldig voor zorgden dit niet met een roze-driehoek te doen.[44]
Over het algemeen waren de kapo's de enige gevangenen die fit genoeg waren voor (homo-)seksuele contacten.[45]
De kapo's gebruikten voornamelijk jonge jongens die zich dit voor wat extra eten en bescherming lieten welgevallen. Dergelijke jongens werden **Puppenjungen** genoemd. Het hoeft geen betoog dat van gelijkwaardigheid van de partners geen sprake was en veel kampgetuigen spraken schande van de zo misbruikte jongens. Aan de andere kant zijn er ook berichten dat deze jongens erg brutaal konden worden, veilig onder de bescherming van de kapo, en direct macht over hun medegevangenen uitoefenden. Vanaf 1939 waren het vaak Poolse, later ook Russische en Oekraïense jongens die als Puppenjungen optraden.

In veel artikelen die aan homoseksuelen in de concentratiekampen gewijd werden, stonden twee zaken centraal: de homoseksuelen vormden de laagste categorie onder de gevangenen en het aantal vermoorden zou in de honderdduizenden lopen. Wat het eerste betreft kan gezegd worden dat homoseksuelen inderdaad tot de lagere categorieën gerekend mogen worden, maar dat dit niet de reden voor hun massale ondergang geweest is. Uit onderzoek is gebleken dat niet individuele willekeur (martelingen en experimenten bijvoorbeeld) verantwoordelijk was voor de dood van de meeste gevangenen maar de structuur van het concentratiekamp. In die gegeven structuur hadden de homoseksuelen een zeer slechte uitgangspositie. Doordat ze niet geïntegreerd waren, werden zij nog eerder dan de anderen slachtoffer van honger, ziekten, mishandelingen, arbeid, transporten, marsen en zelfmoord.[46]

Jim Steakley, die het getal van 200.000 vermoorde homoseksuelen noemde in zijn werk *The homosexual Emancipation Movement in Germany*, heeft dit herroepen op een lezing die hij in Amsterdam hield op 29 juni 1981.[47] Hij schatte het toen op ongeveer 15.000, meest Duitsers. Rüdiger Lautmann berekende het op 10.000, maar schreef dat het er ook 5.000 of 15.000 geweest konden zijn. Lautmann heeft mijns inziens nogal de neiging zich erg voorzichtig en relativerend op te stellen, en daarom ben ik zelf geneigd voorlopig eerder het aantal van 15.000 aan te houden.
Hoewel dit getal in het niets zinkt vergeleken met bijvoorbeeld het aantal vermoorde joodse vrouwen en mannen, blijft het aantal onvoorstelbaar groot. Verder geeft de hoeveelheid vermoorde homoseksuelen (en zij die van homoseksueel verkeer verdacht werden) slechts in geringe mate de onderdrukking van homoseksuelen weer, die niet alleen door de nazi's, maar door de hele maatschappij werd beoefend. En tussen moord en dagelijkse vernedering bestonden nog oplossingen als gevangenissen en werkkampen. (Dwang-)arbeid was hèt Duitse antwoord op de maatschappelijke problemen. Van de schaarse gegevens die voorhanden zijn een overzicht:

Tabel 4.1, vervolging van homoseksualiteit in Duitsland, 1937–1939.

jaar	*door Gestapo aangehouden*	*door Kripo verwerkt*	*veroordeeld*
1937	32.360	12.760	8.271
1938	28.882	10.638	8.562
1939	33.496	10.456	7.614

Bron: Stümke en Finkler, *Rosa Winkel, Rosa Listen.*[48]

Alleen al in de jaren 1937 tot en met 1939 tellen we bijna 100.000 personen die verdacht van homoseksualiteit werden aangehouden. Het totaal aantal personen dat wegens homoseksualiteit is veroordeeld kunnen we op 50.000 schatten:

Tabel 4.2, veroordelingen wegens homoseksualiteit in Duitsland, 1932–1944.

jaar	*veroordeeld*	*jaar*	*veroordeeld*
1932	991	1939	7.614
1933	853	1940	3.773
1934	948	1941	3.735
1935	2.106	1942	3.963
1936	5.320	1943	2.218 ca.*
1937	8.271	1944	2.000 ca.
1938	8.562		

* Voor zes maanden zijn 1.109 personen bekend.

Bron: Stümke en Finkler, *Rosa Winkel, Rosa Listen.*

Ter afronding geeft ik hier twee citaten die het lot beschrijven van die veroordeelde homoseksuelen die in het concentratiekamp terecht kwamen:

> *'Ihr Schicksal in den KL kann man nur als entsetzlich bezeichnen; wenn sie etwas möglicherweise zu retten vermochten, so die Aufnahme gleich zweifelhaften Beziehungen im Lager selbst, was ihr Leben ebenso erleichtern wie gefährden konnte. Wem war das aber gegeben? Sie sind fast alle zugrundegegangen.'*[49]

> *'So hat sich im KZL an den Homosexuellen nur das konsequent vollzogen, was ohnehin ihre gesellschaftliche Situation war.'*[50]

Contactleggen in nazi-Duitsland

Het leven van de homoseksuelen in de kampen had nauwelijks iets uitstaande met dat van die erbuiten.
Het overgrote deel van de Duitse homo's was net als in andere landen vaak getrouwd en leefde zonder veel te merken van de repressie. Om de eenvoudige reden dat de meesten niet of nauwelijks aan het homoseksuele subculturele leven meededen of anderszins aan hun gevoelens vorm gaven.

En ook zij die midden in de grootsteedse subcultuur stonden wisten zich te behelpen. De café's in de Kleiststrasse en de Alte Jacobsstrasse, op de Kurfürstendam en Am Spittelmarkt waren geen uitgesproken homo-trefcentra meer, maar bedekt kon men elkaar toch nog wel ontmoeten.

Een getuige vertelde me dat in het begin van de Hitlertijd nog grote homo-Sylvesterfeesten (oudjaar) werden gevierd bij Die Zelten, waarbij waanzinnig uitgedoste en soms bijna naakte homo's uitbundig het nieuwe jaar tegemoet dansten. Er werden grapjes gemaakt zoals '*Wer andern in die Hose fest, ist selbst ein SA-er*'.
Na de Röhm-affaire werd men veel voorzichtiger, maar de seksuele drang bleef bestaan en zocht zijn uitweg. Nog vaker dan voorheen fungeerden de urinoirs als grote ontmoetingscentra. Iemand die midden in de oorlog in Berlijn was vertelde me over het station Friedrichstrasse, waar het naast de spoorbrug erg donker was: '*Als je daar liep, nou ja, dan werd je gewoon uitgekleed.*'[51] Dezelfde persoon had meegemaakt hoe op een urinoir in Dortmund een Duitse soldaat in uniform zijn lichaam aan een ieder aanbood. Ook verklaringen van anderen meldden steeds de drukte bij de urinoirs, waarbij het urinoir onder de U-Bahn bij het station Friedrichstrasse de meest beruchte was. '*Het was er constant dringen geblazen.*'

De Duitse overheid was hier zonder twijfel van op de hoogte. Bovendien bezat ze een uitgebreide registratie van homoseksuelen. Toch zijn in Duitsland niet alle homoseksuelen en masse op transport gezet. De indruk wordt gewekt dat de nazi's beseften dat homoseksualiteit dan wel ongewenst was en onderdrukt moest worden, maar dat homoseksualiteit niet uitgeroeid kon worden omdat er steeds weer nieuwe homoseksuelen geboren worden. De wetgeving gaf de mogelijkheid om datgene te onderdrukken wat zij als ergste excessen zagen, die het meest de kracht van het Duitse volk zouden schaden.
Er is vaak op gewezen dat de wetgeving bovendien een wapen was om personen die niet op andere gronden gepakt konden worden op te ruimen. Bijvoorbeeld lastige roomskatholieke geestelijken. Dat § 175 hiervoor gebruikt is, en niet-homoseksuelen als roze-driehoekgevangene vervolgd werden ligt zeer voor de hand. Toch zou een onbeperkte homovervolging veel ongewenste onrust in het land tot gevolg kunnen hebben. De wet zou zich zelfs tegen de nazi's zelf kunnen keren. De angst was het beste wapen om homoseksualiteit zo veel mogelijk te onderdrukken.
Zelfs in nazi-Duitsland, waar de staatsideologie het **ausmerzen** van de homoseksuelen voorschreef, en waar dientengevolge vele duizenden homoseksuelen omkwamen, lijkt geen sprake te zijn geweest van een planmatig uitgevoerde uitroeiing van alle homoseksuelen. De wens is er ongetwijfeld geweest.
Dat het ooit zover gekomen zou zijn lijkt me ook aan geen twijfel onderhevig. Praktische omstandigheden en persoonlijke initiatieven schijnen vaak bepalend te zijn geweest voor het resultaat.

5. HOMOSEKSUEEL IN BEZETTINGSTIJD

De NSB

'*Van den eersten dag af, dat het Nederlandsche Nationaal Socialisme 't te zeggen hebben zal in dit, ons arme vaderland en onder dit, ons bedrogen volk, zal dezen pest uitgeroeid worden met wortel en tak, want de NSB weigert de vloek Gods over dit volk te laten halen,*' aldus het blad *Volk in Nood* van de NSB op 24 januari 1939. De houding van de Nederlandse fascisten ten opzichte van homoseksualiteit sloot aan bij die van de nazi's. In de brochure *Sluipend gif* werd door Wutse naar aanleiding van de Ries-affaire een felle aanval gedaan op schrijvers die het voor homoseksuelen durfden op te nemen. Marsman, Boutens, Ter Braak en Jacob Isr. de Haan, maar ook Hirschfeld en Stokvis moesten het ontgelden. Wutse stelde dat de zweep er over moest gaan en in de nieuwe orde voor dit alles geen plaats meer zou zijn.[1] Maar net als in de Duitse NSDAP, zaten er ook in de NSB homoseksuelen. Wessels, oud-gewestelijk propaganda-inspecteur voor Drenthe en Overijssel van de NSB zette zich in zijn brochure *Wie is Mussert* in 1937 af tegen de gevallen van homoseksualiteit in de NSB. Hij citeerde de eveneens oud-functionaris van de NSB Van der Elst, dat veel leden uit de kring Amerongen-Leersum hun lidmaatschap opgezegd hadden, omdat een kringleider homoseksueel was en door Mussert de hand boven het hoofd gehouden werd met de uitspraak: '*aan iedereen mankeert wel eens wat*'.[2]

Er zijn meer berichten over homoseksuelen in de NSB. In een artikel in het Indische NSB-blad *Kort en Bondig*, ten tijde van de Indische zedenaffaire werd geschreven: '*Het verwondert mij, dat er nog steeds homosexueelen gevonden worden, die van deze partij lid kunnen, en vooral wenschen te blijven! En dàt die er zijn, is* geen sprookje. *Of willen zij zich nu al vast veilig stellen?*'[3]

In het maandblad *Vrede* van de stichting 'Vredes Studie Bureau' stond in 1938 het artikel 'De rol der Homosexualiteit in de Nationalismen' van J. Pront. Naar aanleiding van de arrestatie van Heinrich Rutha, tweede man van de Sudetendeutsche Partei (die ijverde voor aansluiting bij nazi-Duitsland) met dertien anderen wegens homo-

seksuele vergrijpen (Rutha zou zelfmoord plegen in de gevangenis) legde Pront een relatie tussen fascisme en homoseksualiteit. Hij gebruikte hiervoor het werk van Blüher over de Duitse Wandervogelbeweging.[4] *'Men leert dan tegelijk tijdig de Mussertbeweging, die van Zwart Front, die van dr. Em. Verviers e.a. hier te lande vanuit een andere gezichtshoek te bezien.'*[5]
Samenvattend kan men stellen dat de NSB net als haar Duitse zusterpartij zich afzette tegen homoseksualiteit maar dat beide partijen desondanks toch ook homoseksuelen aantrokken.

De uitlatingen van de NSB waren duidelijk maar op dit gebied niet erg verschillend van de anti-homohouding zoals die in bredere lagen van de Nederlandse samenleving werd aangetroffen. Riep Albert Kuyle al niet op tot een *'knuppeljacht op de gecastreerde ploerten'*.[7] Werd in *de Nieuwe Gemeenschap* (Hitlers woorden *'lächerlichen Affen'* citerend) niet een recensie gepubliceerd van het in 1934 verschenen boek *Zuiderzee* van Jef Last, die besloot met:

> *'Maar er is een groter sociaal onrecht. Dat bestaat hierin, dat er woordverkopers leven, die ongestraft hun obscene hymne op de zegen van de "mannelijke eros" mogen uitrispen. Dat is het grotere onrecht, een onrecht tegenover de geërgerden, de vernederde mannen en vaders, die het RECHT moeten nemen een straatvuur te maken van deze boeken en een concentratiekamp voor hun schrijvers en gunstige beoordelaars.'*[8]

De Duitse inval

Op 10 mei 1940 vielen de Duitsers Nederland binnen. Op dat moment was het vierde nummer van het maandblad *Levensrecht* al van de persen gerold. Jef Last, die voor het uitbreken van de oorlog al gewaarschuwd had dat de oprichters van het blad adressenmateriaal voor de nazi's aan het verzamelen waren, waarschuwde Niek Engelschman opnieuw.[9] Han Diekmann kreeg opdracht om het vierde nummer van *Levensrecht* totaal te vernietigen. Hij draaide het in een wasmachine tot pulp. De administratie werd in een jute zak in de Reguliersgracht gegooid. Han Diekmann over die eerste dagen: *'Niek Engelschman en Jaap van Leeuwen waren erg bang. Jaap van Leeuwen heeft mijn hele bibliotheek weggehaald. De boeken op ons gebied. Maar ze zijn nooit bij me geweest. Ik had het blad rustig kunnen bewaren, het vierde nummer. Er is er geen een van bewaard gebleven. Ze kwamen kijken of er niets meer was. Ik moest op m'n erewoord zeggen dat alles vernietigd was.'*[10]

De boeken van Diekmann bracht Van Leeuwen naar zijn ouders in Zeist, maar Diekmann heeft ze nooit meer terug gezien. Jaap van Leeuwen stelde in de meidagen van 1940 aan Schorer, de leider van het NWHK, voor om de bibliotheek bij hem (Van Leeuwen) onder te brengen. Schorer wilde echter alles zelf opruimen.[11] Het hele archief van het NWHK wist hij te vernietigen. Schorer was echter te laat om het kostbare boekenbezit op te bergen. Enkele dagen na de Duitse inval stonden de nazi's al bij hem op de stoep. In een brief aan een goede kennis schreef hij dat de Duitsers de bibliotheek verzegeld hadden, maar dat ze zich correct gedragen hadden.[12] Uiteindelijk werden de boeken afgevoerd. Wat er uiteindelijk mee gebeurde, is altijd onbekend gebleven.
Schorer zelf verhuisde naar zijn zuster in Harderwijk. Dat de Duitsers wel bij Schorer en niet bij Diekmann geweest zijn, kwam misschien door de contacten die Schorer met Magnus Hirschfeld en het Duitse WHK onderhouden had. Er was een Duits belang mee gemoeid. Zowel Schorer als Diekmann hebben verder overigens geen moeilijkheden van de nazi's ondervonden van hun openlijke vooroorlogse activiteiten op het gebied van de homo-emancipatie.

Na de eerste oorlogsweken leken velen zich langzamerhand te schikken in het onvermijdelijke. Ook de bezetters probeerden aanvankelijk door niet al te bruut op te treden tegen de Nederlandse bevolking, de grootste weerstanden weg te nemen.

Verordening 81

Toch probeerden de nazi's geleidelijk de Nederlandse samenleving met de Duitse gelijk te schakelen. Ook juridisch. Op 31 juli 1940 werden nieuwe verordeningen op zedelijkheidsgebied uitgevaardigd; 3 augustus werden ze gepubliceerd.

> '*Verordening 81 van den Rijkscommissaris voor het bezette Nederlandsche gebied ter bestrijding van de tegennatuurlijke ontucht.*
> **Artikel I.1.** *Een man, die met een anderen man ontucht pleegt, of van hem ontuchtige handelingen duldt, wordt gestraft met gevangenisstraf van ten hoogste vier jaren. 2. In bijzonder lichte gevallen kan van een strafvervolging worden afgezien ten aanzien van een persoon, die tijdens het begaan van het feit nog minderjarig was.*
> **Artikel II.** *Een man, die een andere man door misbruik van afhankelijkheid, voortvloeiende uit een dienst- of arbeidsverhouding*

van ondergeschiktheid, beweegt om met hem ontucht te plegen of van hem ontuchtige handelingen te dulden, wordt gestraft met gevangenisstraf van ten hoogste zes jaren.
Artikel III. *Met gevangenisstraf van ten hoogste tien jaren wordt gestraft: 1. een man, die een minderjarigen man verleidt om met hem ontucht te plegen of van hem ontuchtige handelingen te dulden; 2. een man, die als beroep met mannen ontucht pleegt of van hen ontuchtige handelingen duldt of zich daartoe aanbiedt.*
In het geval, bedoeld in het eerste lid onder 2, kan de schuldige, zoo hij tot werken in staat is, bovendien tot plaatsing in een Rijkswerkinrichting worden veroordeeld voor ten hoogste drie jaren.
Artikel IV. *De in de artikelen I-III bedoelde handelingen worden beschouwd als misdrijven.*
Artikel V. *Op Duitsche staatsburgers blijven uitsluitend de telkens in het Duitsche Rijk (in de gedaante, die het vóór de aansluiting van Oostenrijk had — Altreich) geldende strafbepalingen van toepassing.*
Artikel VI. *Deze verordening treedt in werking op den dag harer afkondiging.*'[13]

Kort na de oorlog zou Schorer klagen dat deze verordening tegen de regels van het internationale oorlogsrecht was.[14] Een uitspraak die overigens beter Schorer typeerde dan de houding van de Duitsers. Hoewel de verordening in de meeste dagbladen werd afgedrukt bleek het merendeel van de door mij geïnterviewde personen zich hier niets van te herinneren.
Aan praktisch iedereen was de verordening voorbijgegaan en het leven wijzigde zich niet dramatisch na de uitvaardiging er van.

Uitzondering was iemand die toen met enkele vrienden in het Koaihûs (van de Jong Frieske Mienskip) op Ameland verbleef. Ze hadden er wat om gelachen en voorgesteld om het knipsel in de bedstee te plakken. Wel verklaarde deze persoon voor de zekerheid al voor de vakantie op Ameland uit vrees voor huiszoeking boeken over homoseksualiteit te hebben weggedaan. Sommige boeken vernietigde hij niet omdat hij ze te mooi vond. Hij herinnerde zich echter (hij stond in contact met personen rond het NWHK en *Levensrecht*) dat in die tijd een golf van boekenvernietiging had plaatsgevonden. Sommigen hadden de boeken met alle papieren in een wasketel tot pulp gekookt. Een ander vertelde me dat een kennis van hem uit vrees voor huiszoeking al zijn boeken wou verbranden en dat hij ze toen gevraagd en gekregen had.[15] De meeste homoseksuelen echter

wisten intuïtief dat je homoseksualiteit voor de Duitsers verborgen moest houden, meer nog dan ze al gewend waren.
Hoe was het nu om als homoseksueel in Nederland te leven tijdens de oorlogsjaren? Daar is geen eenduidig antwoord op te geven. Dat hing in belangrijke mate van de persoonlijkheid en persoonlijke omstandigheden van de betrokkene af.

Net als voor de oorlog waren de mogelijkheden tot contactleggen beter in een van de grote steden dan op het platteland. Voor de mensen die ondergedoken zaten was het kennismaken in het algemeen weer moeilijker. De plaatselijke voedselsituatie zal duidelijk invloed op de behoefte tot contactleggen hebben uitgeoefend. De omstandigheden aan het eind van de bezettingstijd verschilden veel van die van het begin. Uit vraaggesprekken met oudere homoseksuelen heb ik geprobeerd een idee te krijgen waarin de leefomstandigheden van homoseksuelen zich nu onderscheidden van die van personen die niet de behoefte hadden tot het leggen van homoseksuele contacten. En daarnaast, waarin de leefomstandigheden van homoseksuelen tijdens de bezitting zich onderscheidden van de leefomstandigheden er vóór.

Café's

Tijdens de bezetting bevonden de ontmoetingsgelegenheden voor homoseksuelen zich voornamelijk in de grote steden in het westen van het land. Ze dateerden vrijwel alle al van voor de oorlog.
In Amsterdam, op het Singel, stond naast gebouw 'De Geelvink' (bloemenmarkt) tegen het Carltongebouw aan, het café van **Ome Henk**. Het was een kleine gelegenheid met een vrij grote homoseksuele cliëntèle. Enkele door een Engels vliegtuig verloren bommen maakten op 27 april 1943 een einde aan dit café. In de Watersteeg, tussen Kalverstraat en Rokin, vlak bij het Spui zat de **Bolerobar**. De gelegenheid — ter grootte van een huiskamer — werd ook wel **Annie in de Watersteeg** genoemd. Er kwamen bijna uitsluitend homo's. Annie was een zware vrouw, een oude hoerenmadam, die soms ook nichtenpartijtjes bij haar thuis organiseerde. Achter de bar stond 'Jodenbarendje' die de oorlog niet overleefd heeft. In de loop van de oorlog werd het café gesloten.
Op de hoek van het Thorbeckeplein en de Herengracht (aan de oostzijde) was café **Het Vraagteken**. In dit café kwam een gemengd publiek. Het aantrekkelijke van deze gelegenheid was dat zij een uur langer open was dan de andere. Met de invoering van de spertijd kwam hier een eind aan.
Een andere gemengde bar (met homo- en niet-homopubliek) was de **Rigo-bar**, genaamd naar de twee broers die de bar samen met hun

vrouwen draaiende hielden. Er kwam een wat 'beter publiek'. Het café, dat in de Reguliersbreestraat schuin tegenover het Tuschinski-theater stond, had een zij-ingang in de Regulierssteeg, zodat men onopvallend kon binnenkomen.
Nog een andere 'gemengde' gelegenheid was café **Het Mandje** op de Zeedijk, beter bekend als **Bet van Beeren.** Bet, vurig oranjeklant, heeft later landelijke vermaardheid gekregen. Vooral op feestdagen was er een groter homoseksueel publiek. De plaats waar het café gelegen was (zeemanskwartier en hoerenbuurt) bepaalde de wat ruwere klandizie die het in het algemeen koud liet of iemand homo was of niet. Als er een razzia in de straat gehouden werd, riep Bet iedereen naar boven en moesten de bezoekers gezamenlijk wel eens de nacht doorbrengen boven het café.
In de Lange Niezel (tussen Oude Zijds Voorburgwal en Warmoesstraat) op nummer 15 was **Blonde Saar.** Het café werd ook wel een 'kattenkroeg' of 'blauw-café' genoemd, omdat Saar Heshof geen vergunning voor sterke drank had. Ook dit café was wat 'volkser'. De meeste bezoekers waren homoseksuele mannen en vrouwen. De laatste grote ontmoetingsgelegenheid was **Café Nol** (officieel café **Thorbecke**) aan de oostzijde van het Thorbeckeplein (twee huizen van het Rembrandtsplein af). In dat café van Nol Sellerhof en zijn vrouw (die samen ook een hotelletje op de Reguliersgracht bezaten) kwamen ook veel Duitsers, omdat het buiten het zogenaamde spergebied lag, waarbinnen Duitse militairen niet mochten uitgaan. Later mochten ze hier ook niet meer komen. Er kwamen ook wel NSB-ers en die wisten dat er homo's zaten. Volgens mededelingen kwam er een 'beschaafder' publiek. Een getuige omschreef de sfeer in café Nol als '*mieus, vol mieuze gilmieën*'. Pasen 1943 kwam hij uit Rotterdam naar Amsterdam en herinnerde zich '*dat het terras vol gillende mieën zat*'. Het was zijn eerste kennismaking met de homo-subcultuur.[16]
Naast de bovenstaande café's werden mij nog genoemd de **Dubbeltjeskroeg** in de Warmoesstraat, **Arie** op de Amstel bij de Munt en **Astoria** in de Vijzelstraat als gelegenheid '*waar ook homo's kwamen*'. Geen horecagelegenheid, maar wel druk bezocht was de **sauna** op de **Heiligeweg** (onder het huidige zwembad) die uit een stoombad, heteluchtbad, zo'n zes douches en enkele andere ruimten bestond. Er was ook een masseur aanwezig die niet 'zoo' was, maar wel wist wat er gaande was, en regelmatig controleerde. Er kwamen gemiddeld zo'n 40 à 50 mensen; '*negentig procent was homo*'.[17]

In Den Haag stond eveneens een **sauna: Scheers**, aan de Raamweg, die de hele oorlog heeft doorgedraaid. Een groot deel van de klanten was homoseksueel. In de oorlog kwamen er meest Duitsers,

maar mochten de oude klanten blijven komen. Omdat de sauna in de loop van de bezetting alleen via spergebied bereikbaar was, kwam er een speciaal pontje om de bezoekers van de andere kant van het water te halen en weer terug te brengen.
In Den Haag waren ook een aantal café's waar homoseksuelen elkaar konden ontmoeten. Zo was er een gemengde zaak in de Casauriestraat (achter het Binnenhof), **Martin's Cafetaria** in de Spuistraat (ook gemengd) en **Dijers** (nu 'Corona') op het Buitenhof (eveneens gemengd). In deze laatste gelegenheid observeerde men de andere klanten vanachter de leestafel. De enige 'echte' homogelegenheid was **Pop en Do** in de Gortstraat. Vooral de eigenaresse ging *'met de jongens om'*; haar man bemoeide zich er niet zo veel mee. Dit was ook de enige gelegenheid die een oud-agent van de Haagse zedenpolitie zich later herinnerde: *'Het was een kleine pijpenla waar het soms erg druk was, en die daarom veel controle kreeg, dan bleven ze weg. Ze werden op de drankwet gecontroleerd en op minderjarigen.'*[18]
Vlak daarbij stond de **Triumfbar** in de Kettingstraat waar veel prostituées kwamen. Als die even een poosje vrij waren, zaten ze bij Pop en Do in de Gortstraat. Toen het in 1944 erg slecht ging met de Triumfbar nam de eigenaar het besluit om er een homozaak van te maken.
Tot slot moet de verloflokaliteit van **Schoen** aan het Achterom 44 nog vermeld worden, waar volgens het Journaal van de Haagse zedenpolitie veel homo's kwamen. In de herinnering van de door mij geïnterviewde personen kwam deze zaak echter niet voor.

Evenals in Amsterdam en Den Haag, bestonden er in Rotterdam verschillende café's die vaak door homoseksuelen bezocht werden. Het vooroorlogse artiestencafé van **Charley Stok** (op de Kruiskade vlakbij de Coolsingel) werd in 1940 gebombardeerd.
Aan Het Steiger (vlakbij Het Blaak) was een café dat de **Steigerbar** genoemd werd. Op de Westersingel bij de Nieuwe Binnenweg was een homocafé *'voor wat sjiekere nichten'*. Volgens een getuige zouden er in totaal drie café's geweest zijn waar veel homo's kwamen.
Het is niet zeker of in andere grote steden specifieke homocafé's waren. Eén persoon herinnerde zich vaag *'iets in Leeuwarden'*. Ik heb echter de indruk dat de meeste plaatsen zo klein waren dat de sociale controle te groot was voor zo'n openbare ontmoetingsgelegenheid. De café's in Amsterdam, Rotterdam en Den Haag werden ook maar door een heel klein deel van de homoseksuelen bezocht. Voor velen waren deze gelegenheden onbekend, en diegenen die ze kenden, durfden ze vaak niet te bezoeken. In de oorlog met gevaar voor controles en razzia's (ook voor de arbeidsinzet) waagden er zich

nog veel minder in deze plaatsen. In verband met het bovenstaande wil ik een citaat in hoofdstuk 3 (onder: 'Uitgaansleven en contactleggen') in de herinnering roepen: *'Kijk, voor de oorlog hadden we eigenlijk alleen maar de straat'.*[19]

De straat

De straat kon twee betekenissen hebben. In het algemeen de openbare weg, en wat meer specifiek **de baan.**
Alleen waar twee mensen met homoseksuele gevoelens elkaar als dusdanig herkenden (herkennen) kon een persoonlijk contact volgen. Die herkenning was echter zeer moeilijk want de meeste homoseksuelen deden veel moeite er zo 'gewoon' mogelijk uit te zien. Eigenlijk was het contact maken in het openbaar slechts mogelijk voor diegenen die wat meer lef hadden, wat meer ervaring hadden, en in ieder geval hun ogen hadden leren gebruiken.
De vrijdenker Hoving beschreef in 1938 hoe hij door een kennis werd voorgelicht over het homoseksuele leven.[20] *'Aan den oogopslag,'* lichtte hij me in, *'waar ter wereld ook homoseksueelen elkander ontmoeten, is de oogopslag van elkander de eerste aanleiding tot nadere kennismaking.'* In hetzelfde boek beschreef Hoving ook een wandeling door de Amsterdamse Kalverstraat, waar een homoseksuele kennis van hem constant hem bekende personen groette. De Kalverstraat was de enige straat die een dergelijke functie had in Amsterdam. Sommige getuigen omschreven de straat als een 'boulevard'. *'Je liep een paar keer op en neer en het moest al heel gek wezen als je niemand opgepikt had.'* In de Kalverstraat kwam een wat beter gesitueerd publiek, wat aansloot bij de homo-subcultuur waar men in die tijd veel zorg aan het uiterlijk besteedde.
Als men — bij uitzondering — een homoseksuele man ergens aan kon herkennen, dan was het aan zijn wat meer flamboyante kleding. Maar de meesten probeerden zoals gezegd níet op te vallen.
Homo's die zich wat nadrukkelijker uitdosten ondervonden daarbij vaak afgunst van anderen, omdat ze er in de crisistijd zo goed verzorgd uitzagen. De flaneer-functie van de Kalverstraat werd na de oorlog overgenomen door de Leidsestraat, die ook wel de **Rue de Vaseline** werd genoemd.
Naast de Kalverstraat was er voor de oorlog ook nog het Rembrandtsplein, waar echter meer prostitutiecontacten gelegd werden.
Nogmaals, om contacten te leggen had iemand heel wat lef nodig. De kans om contact te leggen met iemand die niet 'zoo' was, was te groot. Een getuige vertelde me dat hij als hij met zijn heteroseksuele vrienden en vriendinnen uit was gegaan, in zijn eentje nog even naar

het Rembrandtsplein ging. Niet om contacten te leggen, want dat durfde hij niet. Maar dan had hij tenminste even het idee in de homo-wereld te zijn. Er even bij te horen.
Van andere steden heb ik alleen gehoord dat de Haagse Passage een functie als die van de Kalverstraat vervulde. In de loop van de bezettingstijd liep het flaneren snel terug. 's Avonds omdat de winkels vanwege de verduistering en spertijd niet meer net als vóór de oorlog tot tien uur open bleven, en overdag vanwege het snel verminderen van het aanbod van de winkels. Daarnaast bleven de razzia's natuurlijk een permanent gevaar. Tot slot had men, naarmate de oorlog vorderde, al zijn tijd nodig voor het verzamelen van voedsel en brandstoffen.

'De straat', dat kon ook de bioscoop zijn, of het achterbalkon van de tram waar een 'brutale' homo een andere man kon **aankrabben** (aanraken of betasten zodat de ander weet dat er contact gezocht wordt). In de hoop dat die ander op zijn avances zou ingaan. Met het risico van datzelfde trambalkon afgeslagen te worden. Dat 'aankrabben' kon ook in een groep mensen op een markt gebeuren, met de zelfde kansen en risico's.
'De straat', dat kon, althans in het begin van de oorlog nog, ook het Scheveningse strand zijn, het strand bij Kijkduin en bij de Wassenaarse slag.
'De straat', dat kon in de oorlog ook het stilgelegde havengebied van Rotterdam zijn, waar ook wel heimelijk — door zowel hetero's als homo's — naakt gezond werd.
'De straat' kon ook een bepaald plantsoen zijn of park, al werd mij zowel door oudere homo's als van politiezijde gemeld dat dit voor de oorlog een zeer beperkte aangelegenheid was. De 'bloeitijd' van de parken vond vooral in de vijftiger en begin zestiger jaren plaats.

Naast 'de openbare weg' kon de straat zoals gezegd ook **de baan** betekenen. Met 'de baan' werden in het algemeen die plaatsen bedoeld, waar rechtstreekse seksuele contacten konden worden gelegd, zoals parken en urinoirs. Met 'de baan' werd ook wel een specifieke plaats aangeduid: in Amsterdam de Stadhouderskade tussen Rijksmuseum en Ferdinand Bolstraat, waar men langs de bankjes aan het water slenterde. In Rotterdam de Heemraadsingel. Het woord 'baan' is overgebleven van het achttiende eeuwse (en ouder?) **kruysbanen**. In het Engels wordt deze manier van contact zoeken **cruising** genoemd, wat van het Nederlandse 'kruisen' zou zijn afgeleid.

Urinoirs

De genoemde 'banen' werden bepaald door de ligging van de verschillende urinoirs, ook wel **'bakken'** genoemd. In principe kon ieder urinoir tot ontmoetingsgelegenheid dienen, maar over het algemeen was er maar een beperkt aantal dat echt als zodanig functioneerde.
In Rotterdam waren dat tweepersoonsbakken aan het begin en einde van de Heemraadsingel (met ertussen de 'baan'). Vandaar ging de route via de Tweede en Eerste Middellandstraat, waar op de plaats waar de naam van deze straat in Westkruiskade veranderde, een veel bezocht urinoir stond. Wie dan nog geen contact gelegd had kon via het urinoir op het Hofplein zijn geluk beproeven in de bakken van de Zomerhofstraat, de Goudse Singel, en bij de ingang van het Park bij de Maas.[21]

In Den Haag werd het urinoir op het Buitenhof het meest bezocht. Het was een ondergronds urinoir onder de 'kiosk van Berlage'. Vanwege de vorm van deze kiosk werd dit urinoir door homo's onderling ook wel **de Bonbonnière** genoemd.[22]
Daar in de buurt lagen de veel gefrequenteerde urinoirs in de Boterstraat, Eerste Haagpoort en Kazernestraat. Wat verder lag een urinoir bij het Malieveld en Haagse Bos, waar de Utrechtse-baan begint. Bijzonder veel aantrekkingskracht hadden ook de ondergrondse urinoirs op de hoek van de Laan van Meerdervoort en Conradkade, het Soestdijkseplein, het Valkenboschplein en het Vaillantplein.[23]
Hoewel ik geen uitputtend onderzoek heb verricht naar het bezoek van urinoirs in heel Nederland, heb ik van de door mij geïnterviewde personen de indruk gekregen dat ook in minder grote steden urinoirs een ontmoetingsfunctie vervulden.
In Leeuwarden bijvoorbeeld, stond een bak op het Zaailand, die wel **de Bijenkorf** genoemd werd vanwege het vele bezoek. Daarnaast moet er een bak geweest zijn die als bijnaam **'t Coupeetje** droeg.[24]
Een andere getuige meldde dat de bak achter de Beurs het drukst bezocht werd, omdat je langs de brede gracht kon lopen of fietsen, terwijl je blikken van verstandhouding kon wisselen. Bovendien was de bak bij de Waag (aan het water) erg in trek.[25]

In Arnhem was bij het station langs de Rijnkade het enige urinoir waar homoseksuelen elkaar zouden hebben ontmoet. Dat gebeurde dan 's avonds laat, maar erg druk schijnt het er tijdens de oorlog niet geweest te zijn: zo'n tien à twaalf personen op een avond. Overdag kon je in Arnhem alleen in de hal van het station contact leggen, waar veel buitenlanders (Duitsers) kwamen. De in elkaars verlengde liggende straten Rijnstraat, Vijzelstraat, Ketelstraat en Roggestraat vervulden een soort flaneer- en contactfunctie zoals de Amsterdamse Kalverstraat.[26]

In Breda stonden goed bezochte urinoirs langs het water van de Wilhelminasingel, bij de watertoren, in de Torenstraat, aan het station en bij de Ambachtsschool aan het Van Kootplein.[27]
In Haarlem genoot de bak onder het Verwulft een zekere faam; in Utrecht die onder het hoofd-postkantoor en de bak bij de Biltstraat, die regelmatig door de politie werd *'leeggehaald'*. Verder werden contacten gelegd in de bakken langs de Oude Gracht.
Deze landelijke opsomming is beslist onvolledig. Uit mijn vraaggesprekken heb ik opgemaakt, dat in kleinere steden het urinoir in het algemeen geen ontmoetingsfunctie meer kon vervullen. De gemeenschap was te klein, de kans op herkenning en ontdekking van homoseksuele gevoelens te groot. Indien een stad een verzorgingsfunctie voor de omgeving had, en er veel vreemdelingenverkeer was, kon het urinoir in kleinere steden soms toch nog zijn dubbelfunctie vervullen.

De grootste **pisbakken-cultuur** bestond in Amsterdam. De grote hoeveelheid bijnamen voor urinoirs geeft al een indicatie van de populariteit van deze gelegenheden. Aan de 'baan', de Stadhouderskade, stond een bak tegenover het Rijksmuseum. Vandaar ging de route naar **het Porceleintje**, een uit witgeëmailleerde bakken bestaand urinoir, dat tegen een gemeentehuisje stond. Niet ver daar vandaan, tegen de speeltuin van het Weteringplantsoen, stond **Kindervreugd.**
Wie **de toer deed (de baan opging**, een aantal bakken langs liep) kwam via de urinoirs op het Frederiksplein en de Keizersgracht hoek Utrechtsestraat, op het Rembrandtsplein waar **de Paraplu** stond, een bak met overkapping die voor acht personen ontworpen was. Vandaar kon men twee routes kiezen. Of naar oost, of verder het centrum in.
Wie naar oost ging, liep via de bak op de hoek van de Amstel en de Amstelstraat naar het Jonas Daniël Meyerplein (tussen 1942 en 1945 in 'Houtmarkt' veranderd) en vandaar naar het Weesperplein, bij de Joodse Invalide, waar een berucht urinoir was met vier bakken op een rij. Vandaar kon men via het Frederiksplein weer op de 'baan' komen.
Wie koos voor de centrum-route kwam vanaf het Rembrandtsplein eerst op de **Munt**. Hier was het meest beruchte urinoir van Amsterdam. Het lag ondergronds langs het water, en bestond uit zes bakken.

Vandaar ging de wandeling naar **de Venetiaanse** of **Venetiaanse gondel**, een half ondergrondse bak bij het Spui tegenover de Lutherse Kerk. Via twee trappen langs de kademuur van het Singel was deze te bereiken. De constructie gaf het urinoir zijn naam. Op de Nieuwe Zijds Voorburgwal, tegenover het gebouw van de Telegraaf stond een toilethuisje met een aangebouwd urinoir dat aan twee kanten toegang gaf, en wel **Muizenval** genoemd werd (door één persoon werd deze **de Tweeling** genoemd). Op de hoek van Singel en Haarlemmerstraat stond **de Mosselenbak** en vervolgens eindigde de route onder een van de viaducten naast het Centraal Station.
Over enkele bijnamen die getuigen mij noemden is enige twijfel. Zo zou het urinoir tegenover het stadhuis vanwege zijn vormgeving **Het Chinese Landhuis** genaamd zijn, terwijl een ander er van overtuigd was dat dit een bijnaam van een in de subcultuur erg bekende homoseksueel was.
Veel homo's droegen een schuilnaam, ook tegenover homovrienden en kennissen. Soms krégen ze een bijnaam of tooiden zich zèlf met zo'n luisterrijke naam als Anna Mee Wong, Mina Pakgraag, de Hermelijnen Scheur, de Zuigsoubrette, Zus Hok, Juwelen Bet, de Gravin, en dus blijkbaar ook Het Chinese Landhuis.[28]
Volgens een getuige werd de bak op het Singel hoek Haarlemmerstraat de **Mosselenbak** genoemd, omdat hij vlak bij een haringkar stond. Op het Rooms Katholiek Artsencongres in 1939 vertelde Barnhoorn echter, met als bronvermelding de hoofdinspecteur van de Amsterdamse zedenpolitie Van Slobbe, dat urinoirs die door betergesitueerden bezocht werden **elite-bakken** genoemd werden, en die waar in hoofdzaak homoseksuelen uit de volksklasse elkaar ontmoetten **mosselenbakken**.[29]
Dit lijkt me niet juist. Op het urinoir, in alle anonimiteit, verloor iedereen zijn status en achtergrond, was iedereen gelijk. Alleen zó kon het urinoir zijn speciale functie vervullen.
Het bestaan van een zo respectabel aantal veel bezochte urinoirs wijst er op dat ze in een uitgebreide behoefte voorzagen. Door de wetshandhavers werden ze als één der grootste oorzaken van het vóórkomen van homoseksualiteit gezien.

> *'Het aanstekelijke van perverse ontucht blijkt uit het volgende. In een onzer groote steden bleken ondergrondsche urinoirs verzamelplaatsen te zijn van mannen, die ontucht pleegden. Ook personen, die er anders nooit aan hadden gedacht, gingen door nieuwsgierigheid gedreven, kijken. Een der politie-agenten, die toezicht moest houden, zag plotseling een man voor zich staan met ontbloot geslachtsdeel en kon toen niet nalaten er met zijn hand naar te grijpen.'*[30]

Het urinoirbezoek, voor de oorlog al belangrijk, nam tijdens de oor-

'Für Wehrmacht verboten'. Urinoir op het Weesperplein in Amsterdam (foto mei 1943, Gemeentelijke Archiefdienst Amsterdam).

log sterk toe. De grote oorzaak daarvan was de verplichte verduistering. *'Het was dringen geblazen'*. Deze opmerking werd door velen in andere bewoordingen herhaald. De drukte moet veel groter geweest zijn dan voor de bezettingstijd. Ik heb maar één verklaring gekregen die van een vermindering in de oorlogstijd sprak: de verklaring van een toenmalige agent van de zedenpolitie.[31] Die vergrote drukte komt vermoedelijk door een frequenter gebruik door een deel van de bezoekers die hier ook al voor de oorlog van gebruik durfden te maken.

Specifieke groepen, specifieke omstandigheden

De café's, sauna's en urinoirs maken anno 1984 nog steeds deel uit van de homoseksuele subcultuur. Bepaalde kenmerken daarvan kwamen we al in de achttiende eeuw en eerder tegen.
Die subcultuur heeft een groot aantal schakeringen gekregen die ín en vóór de Tweede Wereldoorlog nog onbekend waren. Niet omdat bepaalde interesses als bijvoorbeeld sado-masochisme niet bestonden, maar ook omdat de betrokken personen nauwelijks de kans kregen zich op dit punt op de een of andere manier te organiseren of contact te leggen.
Uitzondering was de travestie die vooral op feestjes geuit kon worden. Waar precies de grens lag tussen seksuele behoefte en het uiten van subculturele gevoelens is niet duidelijk. In het algemeen hadden veel homoseksuele mannen als ze onder elkaar waren vóór — ruwweg — de zestiger jaren vaak een wat 'vrouwelijk' gedragspatroon ontwikkeld. Een gedrag dat *'lekker geuit kon worden als je onder elkaar was'*. In het dagelijks leven werd er echter zorgvuldig voor gewaakt zich in niets van niet-homoseksuelen te onderscheiden.
Als ideaal werd de mannelijke man gesteld, de echte kerel. In het jargon bestond daar een speciale uitdrukking voor: **tule**. In het algemeen was de 'tule' van volkse afkomst en droeg het kenmerk van de arbeiders: de manchesterbroek. (Vaak werd de uitdrukking 'tule' gebruikt in combinatie met begrippen als prostitutie en laten mainteneren.) Maar de arbeidersjongen was niet voor iedereen ideaal. Er bestonden ook homoseksuelen die hun mannelijkheidsideaal verwezenlijkt zagen in dragers van uniformen. Nu kan men deze groep — overigens net als alle andere groepen homoseksuelen met een gemeenschappelijke interesse — niet als één geheel zien. Er waren bijvoorbeeld uniformliefhebbers voor wie de soort uniform niet belangrijk was. Het kon een civiel of een militair uniform zijn.
Onder de liefhebbers van militaire uniformen kwamen er ook voor die wel op de militairen in de uniformen van de geallieerden vielen

(met korte jasjes) maar niet op die van de Duitsers met hun lange jasjes. Voor uniformliefhebbers kan de bezetting soms een vreemde bekoring gehad hebben. Niet zozeer vanuit het met uniformliefhebbers vaak in verband gebrachte militarisme (al of niet ten onrechte) maar omdat uniformdragers het straatbeeld bepaalden.[32]

Een andere bijzondere groep wil ik hier ook nog noemen: die van de zogenaamde leerliefhebbers. De horecagelegenheden voor leerliefhebbers zijn pas in de vijftiger jaren met de opkomst van scooters en motorfietsen in Nederland ontstaan. Voor het dragen van leren broeken door de gewone burger bestond in en voor de oorlog geen mogelijkheid. De leerliefhebbers moesten zich behelpen met de wagenbestuurders van de trams (die 's winters een leren broek droegen), motoragenten (met leren rijbroeken) en huzaren (die broeken droegen met een leren zitvlak, het zogenaamde leerbeslag).[33] Al voor de oorlog waren de huzaren erg in trek. Het waren vaak jongens die wel van een verzetje hielden en hun lage soldij graag aangevuld zagen. Bij een aantal schandalen voor de oorlog waren huzaren betrokken. Tijdens de bezetting werden de huzaren gedemobiliseerd.
Toch mogen we uit het feit dat er leerliefhebbers en uniformliefhebbers bestonden in de bezettingstijd geen gevolgtrekkingen maken voor de relatie tussen deze personen en het Duitse aanbod. Daarvoor speelden veel meer zaken mee dan dat specifieke seksuele signaal. Al te gemakkelijk zijn na de oorlog bepaalde seksuele fantasieën en verlangens zonder meer met fascisme verbonden.

Obstakels voor een vaste relatie

Het was de maatschappij zelf die veel homoseksuelen de straat op dreef voor het maken van vluchtige contacten. Een homoseksueel had nauwelijks enige privacy. Iemand diende tot zijn of haar huwelijk in het ouderlijk huis te blijven wonen. En dat kleine deel dat zich uit de familiegreep had weten los te rukken en ongehuwd bleef woonde op kamers bij een zeer nieuwsgierige hospita, of was daar zelfs bij in de kost. Hospita's die verliefd op ze konden worden en ze dan uit nijd bij de politie konden aangeven zodra ze merkten dat er iets fout zat. Hospita's die bang waren zelf voor het gerecht te moeten verschijnen wegens het 'geven van rendez-vous' als ze zouden tolereren dat hun kostganger een vriend of vriendin bij zich liet slapen. En het was de maatschappij zelf die veel homoseksuelen de straat op dreef omdat naast uitgaansmogelijkheden geëigende contactmogelijkheden in die tijd als dans-, kerk- en sportclubs voor

homoseksuelen geen mogelijkheden boden. Omdat advertenties in dagbladen en andere periodieken geweigerd werden of zelfs bij de politie aangebracht zodra er ook maar een vermoeden van homoseksuele bedoelingen was. Alleen een enkeling voor de oorlog wist door een advertentie voor 'een reisvriend' te plaatsen, een andere homoseksueel te ontmoeten. Het ligt voor de hand dat ook deze mogelijkheid praktisch ophield te bestaan met het voortschrijden van de bezettingstijd. Er kon niet meer gereisd worden, en de meeste bladen hieven zichzelf op of werden verboden. Papierschaarste deed de rest.
Alleen in *het Handelsblad* en in de *Nieuwe Rotterdamsche Courant* schijnen nog geruime tijd mogelijkheden geweest te zijn.
Ik heb er in verband met het boek *De homosexueelen* van Benno Stokvis al op gewezen hoe belangrijk de vaste vriend of vriendin gevonden werd. En hoelang ze er al vergeefs naar zochten.

Voor het grootste deel van de homoseksuelen speelde 'de straat' in oorlogstijd geen rol van betekenis. Ze waren soms op de hoogte van het bestaan van een subcultuur, en maakten er bij gelegenheid misschien wel eens gebruik van, maar meestal bleef men uit veiligheid nauw betrokken op zijn of haar eigen kring van vriendinnen en vrienden. En zelfs die kon je in oorlogstijd niet altijd vertrouwen. Talrijk zijn de getuigenissen van personen voor wie het enige contact met andere homoseksuelen bestond uit het bij elkaar thee drinken op doordeweekse avonden of zondagmiddagen. Een enkele keer werd een soort feestje gebouwd met door de gasten meegebracht voedsel en drank. Vanwege de spertijd was men soms gedwongen na afloop bij elkaar te blijven slapen.
Maar het wederzijdse theedrinken was eigenlijk al een sociale luxe voor enkelen. De meesten hadden geen homoseksuele kennissen en maakten geen deel uit van vriendengroepjes. De meeste homoseksuelen leefden geïsoleerd.
Meer nog dan manifeste onderdrukking en vervolging vormt de isolatie hèt kenmerk van de levensomstandigheden van homoseksuele vrouwen en mannen.

Het bewustworden van homoseksuele gevoelens

Tot nu toe heb ik een belangrijk aspect van het leven van homoseksuelen overgeslagen: de levensfase rond het moment dat iemand zich van zijn homoseksualiteit bewust werd en daar actief vorm aan ging geven. De — vaak vrij persoonlijke — verhalen die me verteld werden liepen te veel uiteen om hier in het kort over te vertellen.

Veel personen waren zich al op vrij jonge leeftijd bewust *'anders'* te zijn of te voelen dan de meeste anderen. Daarna duurde het vele jaren, dikwijls tot iemand ver in de twintig was (soms ook nog veel later) voor aan die andere gevoelens vorm gegeven kon worden. Die tussenliggende periode hoefde niet uitsluitend door een innerlijke strijd te worden gekenmerkt. Vaak was er ook sprake van losse seksuele contacten zonder enig bewustzijn van enige vorm van homoseksuele geaardheid. Totdat de 'aha-Erlebnis' kwam. Het feit dat men zich realiseerde dat die gevoelens onder het begrip 'homoseksualiteit' ressorteerden, was dan de grootste klap. De toekomstverwachtingen zagen er plotseling geheel anders uit, of verdwenen zelfs.
Opvallend vaak bleek het lezen over homoseksualiteit heel belangrijk geweest te zijn bij de bewustwording, al kan het bemachtigen van een boek over dit onderwerp nauwelijks op toeval berust hebben. Want wie durfde zo'n boek in de bibliotheek (al of niet uit een speciale kast) te lenen, of aan de boekhandelaar te vragen. De initiatieven tot publikaties over homoseksualiteit door personen rond het NWHK hebben een onschatbare waarde gehad. De kerken moeten dat geweten hebben toen ze de rondzending van de jaarverslagen van het NWHK wilden verbieden.
Uit al die verhalen over bewustwording heb ik er één gekozen om hier weer te geven. Het speelde in Berlijn in 1920, maar het is even illustratief voor de Nederlandse situatie. (In de weergave is de spreektaal zoveel mogelijk aangehouden.)

'Toen zei moeder: "Vanavond komt die en die in huis, en ik geloof dat ik te weinig boter in huis heb; wil je voor mij een pond halen." Ik ging naar de melkwinkel aan de overkant en wachtte op mijn beurt tot ik boter kon krijgen. (...) En ik kijk een beetje rond en dan zie ik een affiche aan de muur hangen: "Anders als die Andern", den Film. Ach Gott. Ik ging naar school. Daar hebben ze op school over gelachen. Dat is een schwuler Film. Das sind alles Arschficker. Nu ja. Ik heb een beetje meegelachen. Want wat wist ik. Wat wist ik wat het is. En dan zag ik eerst die ondertitel: "Liebe zum eigenen Geschlecht". En da, plötseling besefte ik iets dat ik voor die tijd nog niet gehad heb. Dat ik Schwul was. Dat ik verliefdheid tot mijn vriendjes had. Schoolvriendjes en latere vriendjes enzovoort. "Arschficker!" Dat heb ik nooit gedaan, nooit geweten enzovoort enzovoort. Maar ik wist toch dat ik Schwul was. En ik kwam naar boven met het pakje boter en ging in de salon waar die anderen dansten op parketvloer, ging ik zitten, gemakkelijke stoel, met zó'n gezicht.'[34]

Iemand die op zijn zesentwintigste het boek *Homosexualiteit* van Commutator las, met daarin het adres van het NWHK omschreef het als: *'De schaal van het ei brak open'.*
Voor opmerkelijk veel personen bleken de moralistische boeken *Anders* van Charley van Heezen en *De bron van eenzaamheid* van Radclyffe Hall de eerste inleiding tot een homoseksueel bewustzijn geweest te zijn.

Wie zich eindelijk van zijn andere geaardheid bewust geworden was, zat daarna meteen voor het probleem: hoe houd ik het voor mijn omgeving verborgen.
In veel gevallen kwam de omgeving het toch te weten zonder dat de betrokken persoon er ooit over verteld had, maar weigerde men er over te spreken. De vader van een door mij geïnterviewde man, een bekend anarchistisch voorman, liet één keer in zijn leven aan zijn zoon merken dat hij iets vermoedde: *'Ik heb een heel nieuw merk sigaren van een goede kennis van je: Couperus.'*[35]
Voor die anarchistische vader bestond geen god, maar wel de stomme zonde. Al werd homoseksualiteit niet door iederéén aangevallen, dan toch werd het door praktisch iedereen doodgezwegen.

Zoals al eerder geschreven, homoseksuelen werden maatschappelijk geïsoleerd, en het was maar aan weinigen gegeven om die sociale ontkenning te ontvluchten, door op straat of in de subcultuur contacten te leggen met personen die hetzelfde voelden en zochten.
Een wereldje dat overigens nauwelijks veiligheid kon bieden. In een aantal homo-café's werd een stenen uil op de bar gezet zodra een vreemde binnen stapte. Ieder kende het signaal: *'Er hangt een uil aan de lamp'*, werd er dan gezegd. **Uil** was jargon voor 'een heteroseksueel'.
Een echte homo-codetaal heeft zich in Nederland nooit ontwikkeld. Dit doet mij vermoeden dat de sub-cultuur niet zo'n hechte gemeenschap was als de term suggereert. Naast een beperkt aantal uitdrukkingen als **uil, tule, aankrabben** en **zang hebben** (uitgescholden worden, in de gaten lopen), bestond het subculturele taaltje meer uit een bepaalde toon en gebaren.[36]
De functie was meer het 'wij-gevoel' onderling te benadrukken, dan het verbergen van wat gezegd werd. Al waren er ook groepjes die een eigen veiligheidstaaltje ontwikkelden, door bijvoorbeeld in alle woorden voor alle klinkers de 'e' te gebruiken.[37]

In de herinnering van oudere homoseksuelen komen nauwelijks **potenrammers** voor, zoals die in de huidige vorm bekendheid genieten. Sociale agressie was incidenteel en kon bestaan uit het in elkaar

slaan van meubilair en bezoekende homo's van een bepaald café door buurtbewoners, of bijvoorbeeld het uit elkaar slaan van bezoekers van een urinoir zoals dat tijdens de oorlog in Den Haag gebeurd is aan de Conradkade. De openlijke agressie beperkte zich meestal tot schelden. Een Amsterdammer vertelde me dat vooral joden *'echte zangers'* (iemand die scheldt) waren. Hij woonde in de Rozenstraat en was daar als homo bekend.
Buurtjongens lieten zich door hem in de trap van het huis van zijn moeder bevredigen nadat ze met een meisje uitgeweest waren. Vast vriendje van hem was Barendje (de later erg bekende kelner 'Jodenbarendje' van de Bolerobar) die voor veel geld met mannen meeging en daarna met geïnterviewde het geld broederlijk deelde. Als ze over het Rembrandtsplein liepen, riepen enkele joden (die Barendje kennelijk kenden) steeds *'Phóten; vuile phóten'*. De eerder genoemde heterovriendjes van de geïnterviewde pikten dit niet en gingen eens mee naar het Rembrandtsplein. Toen er weer *'vuile poten'* geroepen werd, werd de betreffende 'zanger' beetgepakt en zo op de punten van het hek gezet dat toen nog om het plein heen stond. Een tijdlang hadden Jodenbarendje en zijn vriendje een stuk minder last.

Nogmaals het Artsencongres van 1939

In dit hoofdstuk heb ik geschreven over de juridische veranderingen voor homoseksuelen door de invoering van verordening 81, en over het speciale van de homoseksuele leefsituatie en de veranderingen daarvan in de bezettingstijd. Tot slot wil ik nog enkele opmerkingen plaatsen over 'de anderen', hier in de betekenis van diegenen die niet homoseksueel waren maar die er zich tijdens de bezetting toch op de een of andere manier mee bezig hebben gehouden.
Op het snijpunt van geloof en — medische — wetenschap lag het genoemde Rooms Katholiek Artsencongres van 1939. In 1941 werd het kerkelijk goedgekeurd verslag ervan uitgegeven, voorzien van een opmerkelijk voorwoord van secretaris J.B.M. Veraart:

> *'De veelvuldig bedreven homosexueele daad is met den nieuwen tijd niet weggevaagd. Mogelijk zal men zijn houding t.o.v. homosexueele uitingen gaan wijzigen. In den nieuwen tijd mag zeker geen plaats zijn voor een Vereeniging als het Nederlandsch Wetenschappelijk Humanitair Komitee, tegen welks werkwijze op het Congres vele malen ernstig werd geprotesteerd. Moge dan dit boek een wegwijzer zijn voor degenen, die zich met het verschijnsel der homosexualiteit (moeten) bezig houden; omdat de inhoud zal blijken te doorstaan de toets van*

Naastenliefde, Geloof en Wetenschap, die de voorwaarden zijn voor elke ware orde. Dan zal dit boek, geboren in den ouden tijd en herinnerend aan het goede dat ook daarin gelegen was, een bescheiden bijdrage beteekenen bij den opbouw van een betere toekomst.'[38]

Enkele juristen

In hetzelfde jaar als het verslag van het Artsencongres, 1941, verscheen in het *Tijdschrift voor Strafrecht* (in welke redactie naast o.a. J.M. van Bemmelen, ook W.P.J. Pompe zat die eveneens een verhandeling op het Artsencongres had gehouden) een bespreking van het boek *De homosexueelen* van Stokvis, van de hand van Taverne, die al eerder genoemd werd in verband met het tegenhouden van een proefschrift over homoseksualiteit. Taverne, voorzitter van de strafkamer van de Hoge Raad vond dat Stokvis de delicate stof met grote kiesheid had behandeld, maar viel de verdedigende houding van hem aan. Daarnaast viel Taverne het NWHK aan, en meldde met weerzin en ergernis de levensbeschrijvingen te hebben doorgeworsteld: *'Ik ben er wee van geworden en ik heb menigmaal bij mijzelf geroepen: Wat een Kerels! Of neen, het zijn geen kerels.'*
Taverne vermeldde voorts alleen het bestáán van verordening 81 van de rijkscommissaris, maar verspilde daar verder geen woorden aan.[39]
Een andere jurist, M. Westerterp, verzette zich in 1944 in het *Maandblad voor berechting en reclassering* tegen meer begrip voor homoseksuelen. Hij beweerde op grond van zijn onderzoekingen dat homoseksuelen het vermogen misten tot duurzame bindingen en verantwoordelijkheden en dat ze bijna steeds een uitgesproken voorkeur aan de dag legden voor jeugdige partners. Volgens hem was er *'geen grond om reeds thans het zedelijk oordeel der gemeenschap in deze materie te willen veranderen'.*[40]
Westerterp schreef dat hij zijn juridische oordeel baseerde op biologisch-psychopathologisch onderzoek.
Op dit gebied verscheen juist in de bezettingstijd een standaardwerk van een van de bekendste onderzoekers op dit gebied, Carp, die zoals al eerder vermeld in zijn instituut homoseksuelen behandelde. Het in 1941 verschenen boek *De psychopathieën* was een tweede, herziene druk van de uitgave van 1934. In dit werk stelde hij dat perversies de tussenschakel vormden tussen neurose en psychopathie,[41] en dat homo-erotiek het gevolg was van ontwikkelingsremmingen.[42]

In een nauwgezette vergelijking tussen de uitgave van 1934, die van 1941 en die van 1948 heb ik geen noemenswaardige wijziging van opvatting of aanbevolen behandeling bespeurd. Carp pleitte voor een rationele behandeling van de perversies, maar wees openlijk castratie zoals in Duitsland af. Het NWHK achtte hij een hinderpaal bij de behandeling van homoseksuelen omdat die '*het pathologische element voor het bewustzijn van deze perversen*' verdoezelden.[43]

De politie

De politie heeft zich blijkens enkele publikaties niet beperkt tot het toepassen van de betreffende wetsartikelen en verordeningen. Vóór de oorlog, in 1923, verscheen in de *Politiebode* een artikelenserie van J. van Opijnen over homoseksualiteit, waarin deze zich achter Forel schaarde die homoseksualiteit als pathologie beschouwde.[44] De negatieve houding van Van Opijnen is te lezen in nummer 16 uit 1923, waarin hij stelde dat homoseksuelen naast de goede ook de slechte eigenschappen van de vrouw hadden overgenomen zoals '*grenzelooze leugenachtigheid, ijdelheid, babbelachtigheid en zwetserij*'. In nummer 17 schaarde hij zich achter een homoseksuele briefschrijver die stelde dat er onder hen vele minderwaardige individuen waren, misschien nog meer '*dan onder de normalen*'. Zelf achtte Jasper van Opijnen zich nogal tolerant, want hij verwonderde zich erover dat veel homoseksuelen als zij gechanteerd werden, niet naar de politie durfden te gaan omdat zij dachten dat de politie hetzelfde dacht als Jan Publiek:

> '*Of het altijd zoo geweest is? Wel neen, doch waarom oude koeien uit de sloot gehaald? De ouderen zullen het zich nog maar al te goed weten te herinneren als vroeger jaren een homosexueel i/z 248bis W.v.S. aan één der bureaux werd gebracht of om raad en daad zijn toevlucht bij de politie zocht. Gelukkig is dit veranderd en waarom ook niet?*'

In een vraaggesprek beschreef een getuige (oud-procureur) hem als iemand die zich voordeed als een aardige figuur die met homoseksuelen vriendelijk praatte, totdat ze iets loslieten, en ze dan oppakte.[45] Van oud-collega's van Van Opijnen vernam ik dat deze de homoseksuelen als specialiteit had, zoals anderen bijvoorbeeld abortus, minderjarigen of geslachtsziektenbestrijding. Van Opijnen had honderden homoseksuelen in zijn kaartsysteem.
Als aan een zaak een homoseksueel tintje zat werd hij op de hoogte

gesteld. Een groot gedeelte van zijn werk bestond uit het registreren, zodat homo's 'bekend' waren en men bij eventuele zedendelicten makkelijker het onderzoek kon doen. Voor andere politiebeambten waren de homoseksuele gevallen meer bijzaak. Als er in hun eigen branche, bijvoorbeeld abortus, wat slapte was, konden zij meer aandacht aan homo's geven, bijvoorbeeld door urinoircontrole. Wie zich langer dan de in de Algemene Politie Verordening omschreven vijf minuten in een openbaar urinoir bevond werd opgebracht en kreeg een proces-verbaal. Wie zich op 'verdachte wijze' in de buurt van een urinoir ophield of er meerdere malen, doch korter dan vijf minuten, gebruik van maakte, was niet strafbaar, en kreeg dus geen proces-verbaal. Wel werd de betreffende persoon opgebracht en werd er rapport opgemaakt. Een oud-zedenpolitiebeambte wist zich nog te herinneren dat hij zag hoe een man in de Amsterdamse Kalverstraat een paar maal omkeek naar een jongen. Op zich niets strafbaars. De man werd in een steegje geloodst waarna hij onder druk gezet werd om zijn homoseksuele gevoelens te bekennen. Er werd rapport opgemaakt en er kwam weer een nieuwe naam in de kaartenbak bij. '*Als de man dan ooit in verband met een strafbaar delict in verband met homosexualiteit was opgepakt, dan hadden we tenminste al vast iets.*'[46]
Een ander lid van de Amsterdamse zedenpolitie (een zwaar bezet onderdeel van het corps met wel zo'n veertien beambten), hoofdinspecteur J.F. van Slobbe timmerde ook aan de weg. In 1937 had hij in het *Maandblad van de Bond van Hoogere Politieambtenaren in Nederland* een vervolgserie over de 'Vervolging van homoseksuelen in het begin der 18e eeuw'. Op het R.K. Artsencongres werd hij door Barnhoorn als grote deskundige van de praktijk opgevoerd. In 1942 verscheen van Van Slobbe het artikel 'Zedenmisdrijven voorheen en thans' in het *Tijdschrift voor Strafrecht*. Van dit blad werd de redactie zoals reeds eerder vermeld, gevoerd door onder anderen Taverne, Pompe en Van Bemmelen.
Inmiddels was Van Slobbe opgeklommen tot Chef van het Bureau Zedenpolitie van Amsterdam; hij overleed op 7 augustus 1942.
Van de houding van de Haagse politie heb ik alleen informatie uit mondelinge bron gekregen. Daar het over nog levende personen gaat, acht ik het niet juist hier verder op in te gaan. Het kwam erop neer dat de houding van een aantal politieambtenaren in oorlogstijd redelijk was, de tijd in aanmerking genomen (negatief, maar correct handelend), maar dat er ook personen waren met een duister of besmet verleden. In het algemeen kan gesteld worden dat de politie in de grote steden goed bekend was met homoseksualiteit, maar het negatief waardeerde. Mede omdat ze voornamelijk in aanraking kwam met homoseksueel gedrag in verband met overtredin-

gen van de wetten op de openbare schennis der eerbaarheid en ontucht met minderjarigen. De wijze waarop men zaken behandelde hing sterk van de politieambtenaar persoonlijk af. Ontoelaatbare agressie en geweld hebben soms plaatsgevonden. Die agressie ondervond Niek Engelschman, toen hij het blad *Levensrecht* voor iedere uitgave ter controle aan de politie overlegde. In april 1940 werd hij bij hoofdinspecteur Blonk van de zedenpolitie geroepen (Blonk werd door collega's ook wel 'Napoleon' genoemd, en heette in de wandeling 'Poppesnor'). Engelschman vertelde dat hij werd uitgescholden en tot slot toegevoegd kreeg: *'Ik zal jullie in de gaten houden, viezeriken!'*[47]

Het optreden van overheidswege resulteerde in wat vaak als centraal thema gezien wordt bij studies over de positie van homoseksuelen tijdens de bezettingstijd: de vervolging. De politie, als instrument van de overheid, speelde daarbij een grote rol.
Iedere politieambtenaar had bij de uitoefening van zijn taak een individuele verantwoordelijkheid. Daarnaast is de uitoefening van de politionele taak toch een collectief-maatschappelijke verantwoordelijkheid. Temeer daar duidelijk blijkt dat er nauwelijks verschillen in opvatting over homoseksualiteit bestaan tussen wetsdienaars, wetgevers en kiezers van die wetgevers.
Waar Van Opijnen als oplossing van het probleem van de homoseksualiteit ooit aandroeg: *'Hard werken, heel hard werken'*,[48] kon hij zich zeker weten van de steun van de hele maatschappij. Toen de mogelijkheid van het opbergen van homoseksuelen in een (werk)-kamp zich ook aanbood tijdens de bezetting, was dit een specifiek fascistische maatregel, maar daarnaast ook een consequente doorvoering van datgene wat bij vele Nederlanders leefde.

6. VERVOLGING

Inleiding

In hoofdstuk 4 heb ik in de schets van de Duitse situatie aangegeven dat van een planmatig uitgevoerde uitroeiing van alle homoseksuelen door de nazi's geen sprake was. In de politieke wil en ideologie werd tot de uitroeiing van homoseksualiteit opgeroepen, maar in de praktijk bleef het nazetten van homoseksuelen veelal beperkt tot plaatselijke omstandigheden en persoonlijke initiatieven, zij het op vrij grote schaal. Ik bedoel hiermee dat iemand vervolgd werd omdat het homoseksueel-zijn het aangrijpingspunt was om zich van een ongewenst persoon te kunnen ontdoen. Waar homoseksualiteit als gevaar werd ervaren werd ingegrepen. Omdat homoseksuelen als zodanig niet uiterlijk herkenbaar zijn werden in de praktijk niet de *homoseksuelen*, maar werd de *homoseksualiteit* vervolgd. Homoseksuelen waren de benoemde volksvijandige misdadigers; homoseksualiteit was de bewijsbare misdaad. De scheiding van homoseksuele gevoelens en homoseksueel gedrag is fictief. In de beantwoording van tweede-kamervragen op 8 augustus 1983 is deze kunstmatige scheiding door de minister gebruikt om aan te geven dat homoseksuelen in de Tweede Wereldoorlog in Nederland niet zijn vervolgd en daarom geen uitkering kunnen krijgen.
Hoewel door de nazi's opgeroepen werd tot de uitroeiing van de homoseksuelen, zetten ze de juridische traditie voort van vervolging van homoseksueel gedrag. Ook in verordening 81 van de Rijkscommissaris voor het bezette Nederlandse gebied, van 1940, werd homoseksueel gedrag — tussen mannen — strafbaar gesteld. En hoewel Schorer ook opmerkte dat de invoering van deze Duitse verordening in de Nederlandse strafwet tegen het internationaal recht was, mag worden geconcludeerd dat de invoering van de verordening aansloot bij de opvattingen zoals die in grote mate aanwezig waren onder de Nederlandse bevolking.
Door homoseksuelen te vervolgen wilde de bezetter het lange termijn-doel bereiken: het doen verdwijnen van homoseksualiteit (en in ieder geval de onderdrukking van homoseksuele gevoelens).
Omdat het homoseksueel zijn van een persoon niet of nauwelijks

bewijsbaar is, laat de praktijk van de homo-aversie het omgekeerde van de theorie zien: het vervolgen van homoseksueel gedrag, met als gevolg de onderdrukking van homoseksuelen. Bestraffing bij betrapping op heterdaad, zou bij velen zo'n angst teweeg brengen, dat zij hun — al of niet infectueuze — homoseksuele daad niet zouden durven plegen. Ik herinner hier aan het in hoofdstuk 4 aangehaalde citaat uit 1935 van het Duitse ministerie van Justitie waarin strafdreiging als middel tot het beoogde doel werd genoemd. De vervolging van homoseksuelen is cijfermatig weer te geven in vervolging van homoseksueel gedrag.
Rechtbankzaken en processen-verbaal zijn het te bewerken materiaal. De vervolging van homoseksueel gedrag — waar maar een beperkt aantal personen mee in aanraking kwam — was slechts een onderdeel van het veel grotere complexere doel, de onderdrukking van homoseksualiteit, waar geen direct cijfermateriaal van voorhanden is. Toch zal ik proberen in getallen en verhoudingscijfers een indruk te geven van zowel de homovervolging (de personen) als de homo-onderdrukking (het begrip, de gevoelens).

De cijfers

Al eerder heb ik in hoofdstuk 3 in een tabel een overzicht gegeven van de vervolging van homoseksueel gedrag tussen een meerderjarig persoon en een persoon tussen de 16 en 21 jaar. Voor seksueel verkeer onder de 16 jaar werd artikel 247 van het Wetboek van Strafrecht toegepast. Onder dit artikel vielen zowel heteroseksueel als homoseksueel verkeer. In de statistieken werd dit voor de door mij behandelde periode niet nader uitgesplitst. De tabellen 6.1 en 6.2, (zie p. 88), samengesteld op basis van het cijfermateriaal in de verslagen van het Centraal Bureau voor Statistiek geven maar op beperkte wijze de omvang weer van de juridische vervolging van homoseksueel gedrag. In de rechtbankzaken zijn niet begrepen de door de Duitse rechter of Politierechter behandelde zaken.

Bij de Hoofdafdeling Staats- en Strafrecht van het Ministerie van Justitie is een lijst aangelegd met 3400 namen van Nederlanders die tijdens de bezetting door de Duitse rechter zijn veroordeeld. Hierbij zijn drie zaken met een homoseksueel karakter.[1]

> **Zaak A 336 d.d. 20 juli 1944,** *waarbij een Amsterdamse matroos op een Duits koopvaardijschip tegennatuurlijke ontucht pleegde met minderjarige lichtmatrozen en hiervoor 6 jaar tuchthuis kreeg van het 'Obergericht'.*

Tabel 6.1, aantal rechtbankzaken ter zake van artikel 248bis Wetboek van Strafrecht (ontucht met minderjarigen van hetzelfde geslacht), veroordelingen.

jaar	aantal zaken	aantal schuldig verklaard	daarvan gevangenis straf	duur van de straf*						
				1-3 jaar	1 jaar			6 maanden - 1 jaar		
					onvoorw.	*voorw.*	*gemengd*	*onvoorw.*	*voorw.*	*gemengd*
1940	47	28	26	1	—	3	1	3	4	5
1941	49	23	22	1	3	—	—	8	—	—
1942	36	21	15	—	2	—	—	4	—	—
1943	32	16	14	—	1	—	—	6	—	—
1944	**									
1945	**									

* Gevangenisstraffen korter dan zes maanden en geldboetes zijn weggelaten.
** Voor de jaren '44 en '45 zijn geen gegevens voorhanden.

Bron: *Crimineele statistiek*, uitgave CBS.

Tabel 6.2, aantal rechtbankzaken ter zake van verordening 81 van den Rijkscommissaris van het bezette Nederlandsche Gebied, 31 juli 1940, veroordelingen.

jaar	aantal zaken	aantal schuldig verklaard	daarvan gevangenis straf	duur van de straf*						
				1-3 jaar	1 jaar			6 maanden - 1 jaar		
					onvoorw.	*voorw.*	*gemengd*	*onvoorw.*	*voorw.*	*gemengd*
1940	11	10	7	—	—	—	—	1	—	—
1941	36	26	16	—	—	—	—	1	—	—
1942	46	26	10	—	—	—	—	2	—	—
1943	45	28	21	—	1	—	—	7	—	—
1944	**									
1945	**									

* Gevangenisstraffen korter dan zes maanden en geldboetes zijn weggelaten.
** Voor de jaren '44 en '45 zijn geen gegevens voorhanden.

Zaak A 334 d.d. 21 juli 1944, *waarbij een jeugdherbergvader uit Hellendoorn, lid van de NSB, omgang had met enkele Hitlerjungen en daarvoor 1½ jaar gevangenisstraf kreeg van het 'Obergericht'.*
Zaak F 102 d.d. 20 april 1944, *waarbij een inwoner van Leiden veroordeeld werd tot 2 jaar gevangenisstraf door de 'Militaire Rechtbank'.*

Het aantal rechtbankzaken geeft bij lange na niet alle bemoeiingen weer van de overheid met homoseksualiteit. Veel processen-verbaal en alle rapporten die door de Nederlandse politie werden opgemaakt, haalden de rechtszaal niet.
In Amsterdam maakten alle bureaus en politie(hulp-)posten iedere dag een *Meldingsrapport* op van de die dag behandelde zaken. De in het archief beschikbare reeks begint in 1941. Ook het '6e Bureau' (zedenpolitie) maakte zo'n rapport op. Naarmate de oorlog vorderde ontbreken er een aantal rapporten, en vanaf 18 oktober 1943 is er geen meer te vinden.
In de periode 1 januari 1941 tot 18 oktober 1943 heb ik 178 processen-verbaal geteld waarbij sprake was van seksueel verkeer tussen twee personen van hetzelfde geslacht. Bij 39% van deze gevallen was een persoon van onder de 16 jaar betrokken; bij 35% van de gevallen een persoon tussen de 16 en 21 jaar.[2]
Van de controles op de urinoirs werd alleen melding gemaakt indien men overging tot het opstellen van een proces-verbaal.
Van de *Meldingsrapporten* werd een *Maandverslag* gemaakt voor de hoofdcommissaris van politie. Ook deze verslagen zijn niet meer volledig terug te vinden. Voor de periode 15 februari 1942 tot en met 15 augustus 1944 heb ik met behulp van het *Politioneel rapport* de navolgende tabel kunnen opmaken.[3]

Tabel 6.3, aantal gemelde processen-verbaal in het politioneel rapport van de Amsterdamse zedenpolitie ter zake artikel 248bis en verordening 81/1940.

jaar	periode	248bis	81/'40	jaar	periode	248bis	81/'40
1942	15/2 -15/3	5	—	1943	15/7 -15/8	1	4
1942	15/3 -15/4	1	2	1943	15/11-15/12	—	3
1942	15/7 -15/8	1	—	1943	15/12-15/1	1	2
1942	15/8 -15/9	—	4	1944	15/1 -15/2	2	—
1942	15/10-15/11	—	2	1944	15/4 -15/5	—	2
1942	15/11-15/12	1	1	1944	15/5 -15/6	1	—
1943	15/3 -15/4	3	—	1944	15/6 -15/7	—	1
1943	15/4 -15/5	1	1	1944	15/7 -15/8	1	—
1943	15/6 -15/7	—	1				

Bron: *Maandverslag van den hoofdcommissaris van politie te Amsterdam.*

Een derde bron voor Amsterdam vormen de *Dienstverslagen der Politie*, als onderdeel van het *Gemeentelijk jaarverslag*. Deze *Dienstverslagen* zijn alleen beschikbaar voor de jaren 1940, 1941 en 1942.[4]

Tabel 6.4, aantal processen-verbaal algemeen en ter zake van artikel 248bis en verordening 81/1940, alsmede aantal klachten en mededelingen algemeen en voor homoseksualiteit vermeld in het dienstverslag der politie van Amsterdam.

jaar	totaal aantal proc. verb.	waarvan voor 248bis	waarvan voor 81/1940	totaal aantal klachten en mededelingen	waarvan wegens homoseksualiteit
1940	346	10	3	969	162
1941	289	12	13	937	114
1942	242	7	13	917	65

Bron: *Verslagen en correspondentie van de hoofdcommissaris*, Amsterdam.

De cijfers van de diverse tabellen zijn niet direct met elkaar te vergelijken. Voor eenzelfde periode zijn verschillende aantallen te vinden. De wijze waarop de verschillende tellingen hebben plaatsgevonden is onbekend. Wel kunnen de cijfers binnen één tabel een indicatie van een ontwikkeling geven. Het cijfermateriaal geeft de indruk dat de bemoeienissen van de Amsterdamse politie met personen, verdacht van homoseksueel gedrag, zich op een vrij stabiel peil gehandhaafd hebben en zich beperkten tot een paar keer per maand. Opvallend is dat het aantal klachten en mededelingen ter zake van homoseksualiteit sterk terugliep.
Het materiaal dat voorhanden is, geeft maar een klein deel weer van de activiteiten van de Amsterdamse politie. Zaken betreffende ontucht met minderjarigen (artikel 247 *Wetboek van Strafrecht*), ontucht voor geld of beloften bij minderjarigen of ondergeschikten van onbesproken gedrag (artikel 248ter *Wetboek van Strafrecht*), ontucht gepleegd door ouders, voogd of onderwijzer (artikel 249) en feitelijke aanranding der eerbaarheid (artikel 246) konden een homoseksueel karakter dragen. Zeer zeker gold dit voor zaken betreffende artikel 239 *Wetboek van Strafrecht*, schennis der eerbaarheid. Uit verschillende bronnen blijkt dat personen die op het urinoir met elkaar contact zochten hiervoor geverbaliseerd konden worden. Alleen al het langer dan vijf minuten op een urinoir verblijven was strafbaar krachtens de Algemene Politie Verordening (APV).
In de archieven van de zedenpolitie van 's-Gravenhage ontbreken de *Maandverslagen* en zijn de *Meldingsrapporten* er nooit ingezameld en in de loop der tijd vernietigd. Van het *Verbaalboek* waarin alle processen-verbaal aangetekend werden is uit de bezettingstijd alleen nog het jaar 1941 bewaard gebleven, zij het in particulier bezit.
Uit deze laatste bron blijkt, dat in 's-Gravenhage in 1941 in totaal

Tabel 6.5, aantallen mutaties van de Haagse zedenpolitie, per maand, in categorieën uitgesplitst, met de percentages van enkele categorieën, uitgedrukt in het totaal van die maand.

jaar/ maand	totaal aantal zaken waarbij hs rol speelde	minderj. onder 16 betrokken		minderj. 16-21 jr. betrokken		m.b.t. homoseks vrouwen	t/z chantage beroving	p.v. apv 18b of rapport urinoir		div.
(1)	(2)	(3)	pct.	(4)	pct.	(5)	(6)	(7)	pct.	(8)
1940										
mei	3	3	100	—		—	—	—		—
juni	15	7	50	1	7	—	—	1	7	6
juli	14	9	64	3	21	—	—	—		2
aug.	18	10	56	2	11	—	—	1	6	5
sept.	12	4	33	7	58	1	—	—		—
okt.	17	10	59	3	18	—	2	—		2
nov.	15	6	40	7	47	—	—	—		2
dec.	11	6	55	3	27	1	1	—		—
1941										
jan.	8	3	38	—		1	1	—		3
febr.	17	5	29	1	6	—	1	10	59	—
maart	23	8	35	1	4	1	1	9	39	3
april	46	10	22	2	4	1	—	32	70	1
mei	52	12	23	7	4	—	—	31	60	2
juni	40	14	35	2	5	—	—	24	60	—
juli	42	13	31	5	12	—	1	22	52	1
aug.	53	8	15	3	6	—	—	42	79	—
sept.	45	8	18	2	4	—	—	32	71	3
okt.	43	4	9	1	2	1	—	29	67	8
nov.	37	5	14	2	5	1	1	25	68	3
dec.	19	4	21	2	11	—	—	13	68	—
1942										
jan.	8	—		3	38	—	—	2	25	3
febr.	6	1	17	2	34	—	—	2	34	1
maart	15	2	13	3	20	—	—	7	47	3
april	11	2	9	—		1	—	4	36	4
mei	22	5	23	5	23	—	1	7	32	4
juni	13	3	23	2	15	—	—	6	46	2
juli	25	9	36	2	8	—	—	12	48	2
aug.	10	3	30	1	10	—	—	2	20	4
sept.	19	4	21	3	16	—	—	7	37	5
okt.	14	6	43	2	14	—	—	2	14	4
nov.	11	6	55	3	27	—	—	1	9	1
dec.	4	2	50	—		—	1	—		1
1943										
jan.	18	4	22	2	11	1	—	7	39	4
febr.	9	1	11	2	22	—	—	5	56	1
maart	25	1	4	6	24	—	—	14	56	4
april	22	2	9	4	18	—	1	11	50	4
mei	8	4	50	—		—	—	4	50	—
juni	13	7	54	1	8	—	—	3	23	2
juli	9	5	56	1	11	—	—	—		3
aug.	17	6	35	3	18	—	—	4	24	4
sept.	16	1	6	3	19	2	—	7	44	3
okt.	13	2	15	3	23	—	—	3	23	5
nov.	25	4	16	8	32	—	—	10	40	3
dec.	17	5	29	2	12	1	—	5	29	4
1944										
jan	33	6	18	8	24	—	—	17	52	2
febr.	10	5	50	1	10	1	—	2	20	1
maart	11	2	18	3	27	1	—	2	18	3
april	10	1	10	5	50	—	—	3	30	1
mei	12	1	8	6	50	—	—	3	25	2
juni	17	7	41	5	29	1	—	2	12	2
juli	29	7	24	5	17	—	—	11	38	6
aug.	8	4	50	1	13	1	—	1	13	1
sept.	6	—		3	50	1	—	1	17	1
okt.	4	1	25	—		—	—	1	25	2
nov.	1	1	100	—		—	—	—		—
dec.	2	2	100	—		—	—	—		—
1945										
jan.	—	—		—		—	—	—		—
febr.	—	—		—		—	—	—		—
maart	—	—		—		—	—	—		—
april	1	—		1	100	—	—	—		—
mei	—	—		—		—	—	—		—

Bron: *Journaal*, zedenpolitie 's-Gravenhage.

Toelichting bij tabel 6.5
De gevonden mutaties zijn over de volgende categorieën uitgesplitst:
kolom 2: alle zaken die een homoseksueel karakter droegen;
kolom 3: alle mutaties waarbij een jongen onder de 16 jaar betrokken was; ook jongeren onderling;
kolom 4: alle mutaties waarbij een jongen tussen de 16 en 21 jaar betrokken was; ook jongeren onderling;
kolom 5: alle mutaties die betrekking hadden op homoseksuele contacten tussen vrouwen;
kolom 6: alle mutaties die verband hielden met chantage of afpersing; hierbij zijn twee gevallen opgenomen die in kolom 3 hoorden;
kolom 7: alle mutaties waarbij proces-verbaal werd opgemaakt ter zake van overtreding van artikel 18b van de Haagse Algemene Politie Verordening, inhoudende het verbod om langer dan vijf minuten in een urinoir te verblijven; bovendien alle mutaties waarbij rapport werd opgemaakt omdat iemand zich 'verdacht' in de buurt van een urinoir ophield. Alle andere mutaties die een aanhouding bij een urinoir betroffen zijn ondergebracht in de kolommen 3, 4, 6 en 8 (deze categorie noem ik verkort 'urinoir');
kolom 8: diverse mutaties betreffende homoseksuele handelingen tussen mannen, waaronder anonieme klachten, informaties, openbare schennis der eerbaarheid; alle zaken die niet konden worden ondergebracht in de kolommen 3, 4, 6 en 7.

419 processen-verbaal werden opgemaakt, waarvan 49 ter zake van Verordening 81/1940 en 10 voor artikel 248bis (hiervan 1 persoon c.q. verordening 81/1940). Bovendien waren er 5 processen-verbaal terzake artikel 247 *Wetboek van Strafrecht* c.q. verordening 81/1940.
Er bestaat gelukkig voor 's-Gravenhage een bron die de gehele bezettingsperiode bestrijkt: het *Journaal* van de zedenpolitie. In dat *Journaal* maakte de Haagse zedenpolitie tijdens de bezettingsjaren 8.550 mutaties, waarvan er 1.024 (12%) zaken betroffen met een homoseksueel karakter. Van die ruim duizend door mij gevonden mutaties heb ik tabel 6.5 (zie pagina 91) samengesteld.
Nadere bestudering van deze tabel toont aan, dat over de gehele periode genomen 26% van de mutaties de categorie 'onder de 16' betrof, 15% categorie '16—21' en 58% de categorie 'urinoir'. De percentages bevestigen duidelijk het beeld dat de politie van homoseksuelen had, zoals beschreven in het *Algemeen Nederlandsch Politieblad*:

> *'Homosexueelen zijn niet de gevaarlijkste psychopaten. Openbare schennis der eerbaarheid, alsmede ontucht met minderjarigen van hetzelfde geslacht zijn de door hen het meest gepleegde misdrijven.'*[5]

De mutaties in de kolommen 3 en 4 betroffen echter niet de gevallen waarbij sprake was van werkelijk seksueel contact tussen volwassen mannen en een jongen onder de 21 jaar, of jongens tussen de 16

en 21 jaar met jongens onder de 16. Het allergrootste deel betrof vermoedens van dergelijke handelingen, pogingen om in contact te komen of vermoedens van pogingen tot contactlegging. Bij de meeste van deze mutaties — voor zover niet contra onbekenden — stond aangetekend dat de betreffende zaak niet verder vervolgd of geseponeerd was, omdat er niets was gebeurd of er geen bewijs was dat er iets was gebeurd. Soms tekende de politieambtenaar nog in het *Journaal* aan dat men met een fantast te doen had.
In de categorieën 'onder de 16' en '16—21' zijn beide 9 mutaties opgenomen waarbij sprake was van seksuele contacten tussen minderjarigen onderling. Bijvoorbeeld het geval van een vader die zijn 7-jarig zoontje aangaf omdat deze met diens 7-jarig vriendje op straat onzedelijke handelingen zou hebben gepleegd.

Opvallend is het aantal gevallen waarbij de Haagse politie in aanraking kwam met homoseksuele vrouwen: 17 maal gedurende de gehele bezettingstijd. Het betroffen meestal — vaak anonieme — mededelingen aan de politie dat 'die en die vrouw' homoseksueel zou zijn.
Ook het aantal gevallen waarin sprake was van chantage of afpersing trekt de aandacht: 11. Vooral in het oog vallend, omdat in de herinnering van veel oudere homoseksuelen — naast angst voor 248bis — chantage en de angst ervoor een grote rol speelden. De angst was groter dan de praktijk laat zien, en de hele onderdrukkende houding van de maatschappij is hier mogelijk als oorzaak aan te wijzen.
Het feit dat de 'aangever' — bij chantage — in bezettingstijd ook vervolgd kon worden, omdat hij ontucht geduld had, zal van invloed geweest zijn op het aantal mutaties in verband met chantage, maar of de chanteur zowel op de hoogte was van verordening 81 als de juridische en justitiële praktijk betwijfel ik.
Eerder moet bedacht worden, dat net als vóór de oorlog voor de gechanteerde geen enkele aanleiding bestond om chantage bij de politie aan te geven. Afgeperst geld was eventueel nog vervangbaar; de baan, reputatie en de relatie met familie en vrienden niet. Aan het aantal chantages dat bij de politie en justitie bekend werd, kunnen we de omvang van deze dreiging niet aflezen.

De trend

In kolom 7 van tabel 6.5 is op de meest zuivere manier de omvang van de eventuele anti-homo activiteiten van de politie te lezen. Het was immers de politie die met het horloge in de hand post vatte bij het urinoir om personen louter om hun 'verdachte' aanwezigheid te verbaliseren of te rapporteren. Daarbij moet worden bedacht dat veel zaken die op een urinoir betrekking hadden, in tabel 6.5 ondergebracht zijn in de kolommen 3 en 4 (minderjarigen), 6 (chantage en afpersing) en 8 (diversen). Dit is overigens niet van invloed op mijn conclusies; het beeld zou slechts versterkt worden indien deze zaken er bij betrokken zouden worden.

Zowel een oud-politieman van de Haagse zedenpolitie als van de Amsterdamse zedenpolitie vertelden me dat het controleren en posten bij urinoirs afhankelijk was van het overige werk. Volgens de Haagse zedenpolitiebeambte nam het urinoirbezoek voor het leggen van homoseksuele contacten af bij het instellen van de spertijd, waarbinnen het burgers verboden was zich op straat te bevinden. De mutaties van het Haagse *Journaal* sluiten bij deze opvatting aan. De meeste processen-verbaal werden opgemaakt in de namiddag en vroege avond.[6]
In de herinnering van veel oudere homoseksuelen daarentegen, speelde de spertijd nauwelijks een rol. Door een andere maatregel van de bezetter, de verduistering, bestonden er meer mogelijkheden om contact te leggen op de urinoirs dan ooit. Hoewel niemand zich spontaan enig verschil in seizoenen herinnerde, mag verondersteld worden dat vooral in de herfst, winter en het vroege voorjaar de duisternis een welkome bescherming bood. Door middel van de techniek van de voortschrijdende maandgemiddelden van alle mutaties en van de categorie 'urinoir' (tabel 6.6) heb ik grafiek 6.1 samengesteld (zie pagina's 95 en 96).
Duidelijk is zichtbaar hoe het aantal mutaties aanvankelijk snel toenam en midden 1941 zijn hoogtepunt bereikte, om vervolgens even snel weer omlaag te gaan, waarna midden 1942 een peil bereikt werd dat zich handhaafde tot begin 1944, waarna het aantal snel daalde om midden 1945 '0' te benaderen.
Naar de reden voor de aanvankelijke stijging kan ik slechts gissen. De daling zal verband houden met het verloop van de bezetting. Andere zaken dan de bestrijding van de tegennatuurlijke ontucht zoals bestrijding van de geslachtsziekten en een tijdelijke opleving van de vervolging van verboden gok- en kansspelen trokken meer de aandacht. Vooral de bestrijding van geslachtsziekten en daarmee verbonden controles op prostituées en razzia's in café's werden belangrijk geacht in verband met de gevechtskracht van het bezettingsleger.
De algehele verslechtering van de voedsel- en brandstofsituatie na de spoorwegstaking van 17 september 1944 zal ook een belangrijke rol gespeeld hebben.
Ik heb de berekeningen zoals in de tabellen 6.5 en 6.6 weergegeven

Tabel 6.6, voortschrijdende maandgemiddelden, berekend naar de gegevens van tabel 6.5, waarin per maand de mutaties in het *Journaal* van de Haagse zedenpolitie zijn berekend met betrekking tot homoseksualiteit (categorieën 'totaal aantal homozaken' en 'procesverbaal APV 18B c.q. rapport urinoir').

periode	totaal kolom 1	urinoir kolom 2
1940—1941		
mei	17	4
juni	21	7
juli	23	9
aug.	25	11
sept.	28	14
okt.	31	17
nov.	33	19
dec.	35	21
1941—1942		
jan.	35	22
febr.	35	23
maart	35	22
april	34	22
mei	31	19
juni	28	17
juli	26	16
aug.	25	15
sept.	21	12
okt.	19	10
nov.	17	7
dec.	14	5
1942—1943		
jan.	13	4
febr.	14	5
maart	14	5
april	15	6
mei	16	6
juni	15	6
juli	15	6
aug.	14	5
sept.	14	5
okt.	14	5
nov.	14	5
dec.	15	6
1943—1944		
jan.	16	6
febr.	17	7
maart	17	7
april	16	6
mei	15	5
juni	16	5
juli	16	5
aug.	18	6
sept.	17	6
okt.	16	5
nov.	15	5
dec.	13	4
1944—1945		
jan.	12	4
febr.	9	2
maart	8	2
april	7	2
mei	7	2

Bron: *Journaal*, zedenpolitie 's-Gravenhage.

ook uitgevoerd voor het totaal aantal mutaties van de Haagse Zedenpolitie waarvan de resultaten in de tabellen 6.7 en 6.8 zijn neergelegd (zie pagina's 96 en 97).
Op basis van de gegevens van tabel 6.8 heb ik grafiek 6.2 samengesteld (zie pagina 97).

Grafiek 6.1, trend mutaties in het *Journaal* van de Haagse zedenpolitie (totaal aantal betreffende homoseksualiteit en urinoir, zie tabel 6.6).

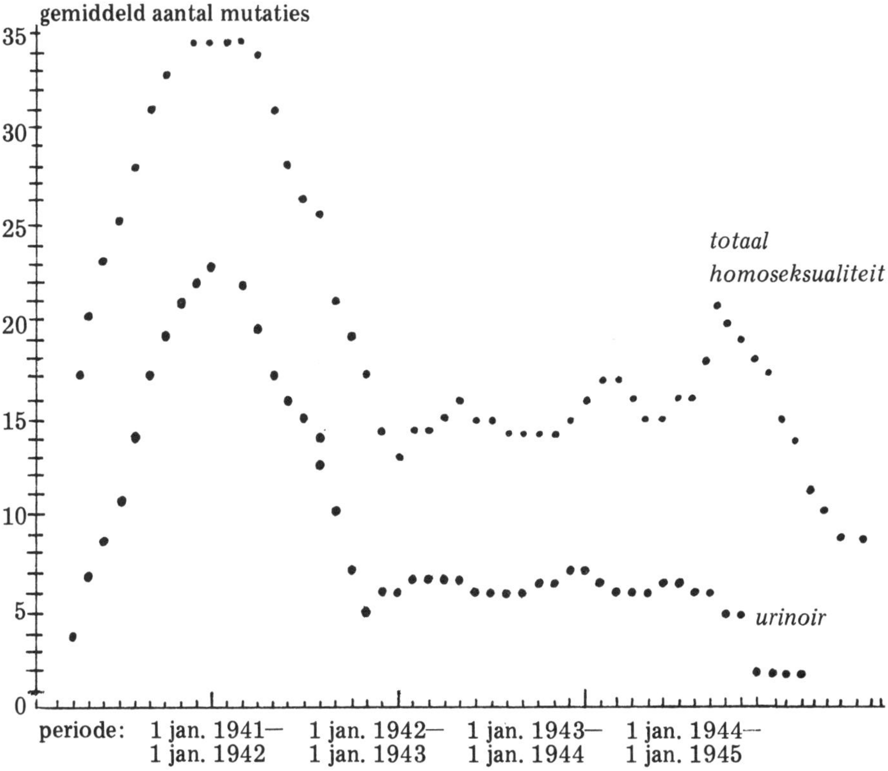

Tabel 6.7, aantallen mutaties van de Haagse zedenpolitie per maand.

jaar/ mnd	aan- tal	jaar/ mnd	aan- tal	jaar/ mnd	aan- tal	jaar/ mnd	aan- tal	jaar/ mnd	aan- tal	jaar/ mnd	aan- tal
1940		*1941*		*1942*		*1943*		*1944*		*1945*	
mei	117	jan.	191	jan.	173	jan.	186	jan.	146	jan.	51
juni	136	febr.	179	febr.	139	febr.	98	febr.	109	febr.	66
juli	107	mrt.	207	mrt.	185	mrt.	202	mrt.	108	mrt.	46
aug.	141	april	210	april	162	april	142	april	120	april	51
sept.	122	mei	267	mei	169	mei	87	mei	112	mei	37
okt.	127	juni	238	juni	160	juni	128	juni	141		
nov.	166	juli	241	juli	200	juli	96	juli	135		
dec.	149	aug.	234	aug.	157	aug.	116	aug.	109		
		sept.	309	sept.	203	sept.	147	sept	57		
		okt.	219	okt.	186	okt.	139	okt.	62		
		nov.	234	nov.	162	nov.	143	nov.	32		
		dec.	212	dec.	121	dec.	129	dec.	23		

Bron: *Journaal*, zedenpolitie 's-Gravenhage.

Tabel 6.8, voortschrijdende maandgemiddelden, berekend naar de gegevens van tabel 6.7, waarin per maand de mutaties in het *Journaal* van de Haagse zedenpolitie zijn berekend.

periode	gem.	periode	gem.	periode	gem.	periode	gem.	periode	gem.
'40/'41		'41/'42		'42/'43		'43/'44		'44/'45	
mei	154	jan.	228	jan.	168	jan.	134	jan.	96
juni	167	febr.	227	febr.	169	febr.	131	febr.	88
juli	175	maart	224	maart	166	maart	132	maart	85
aug.	187	april	222	april	167	april	124	april	80
sept.	194	mei	218	mei	166	mei	122	mei	77
okt.	210	juni	210	juni	159	juni	124		
nov.	218	juli	203	juli	156	juli	126		
dec.	223	aug.	200	aug.	147	aug.	129		
		sept.	193	sept.	144	sept.	128		
		okt.	184	okt.	139	okt.	121		
		nov.	182	nov.	135	nov.	114		
		dec.	176	dec.	134	dec.	105		

Bron: *Journaal*, zedenpolitie 's-Gravenhage.

Grafiek 6.2, trend mutaties in het *Journaal* van de Haagse zedenpolitie (alle mutaties, zie tabel 6.8).

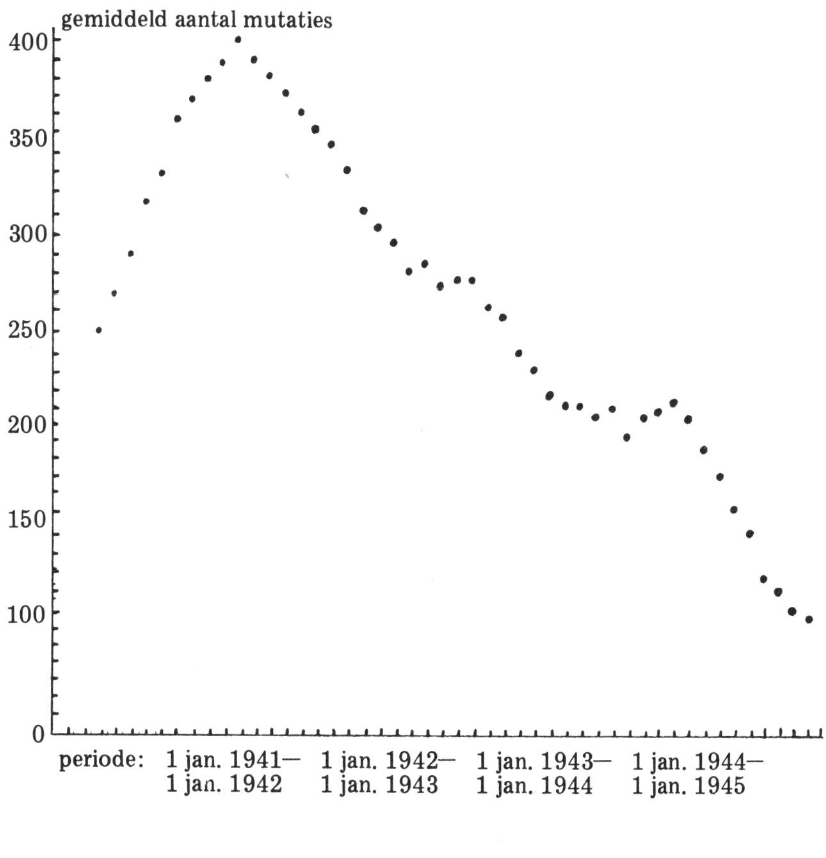

Er is een opvallend verschil te zien met grafiek 6.1. Na de aanvankelijke stijging en daling zoals in grafiek 6.1 zet de daling na midden 1942 door, terwijl de mutaties in verband met homoseksualiteit ongeveer op eenzelfde niveau bleven. Na september 1944 daalde ook het totaal aantal mutaties snel. Relatief gesproken maakten zaken met betrekking tot homoseksualiteit tussen ruwweg midden 1942 en midden 1944 een belangrijker deel uit van het werk van de Haagse zedenpolitie.
Een aantal van de mutaties in het *Journaal* van de Haagse zedenpolitie heb ik achteraan (in een bewerkte versie) als bijlage toegevoegd. Hieruit is te lezen hoe buren en kennissen, hospita's en familie, ja zelfs ouders niet schroomden om homoseksuelen bij de politie aan te geven.
Uit de mutaties blijkt dat verordening 81 van de Rijkscommissaris bijzonder snel na de uitvaardiging ervan werd toegepast.
Bij een proces-verbaal (mutatie 1135/1940) van 1 augustus 1940, twee dagen vóór de afkondiging van de verordening, werd een en ander later toegevoegd.
Mutaties die ik verder in mijn verhaal gebruik zal ik aangeven met 'J', jaar en nummer.

Contacten Nederlandse en Duitse overheid

Achter veel mutaties staat niet vermeld wat er met de betrokken personen gebeurde nadat proces-verbaal of rapport was opgemaakt. Een oud-zedenpolitieman uit Den Haag ontkende pertinent dat opgebrachten aan de Sicherheitsdienst werden overgeleverd, al wist hij niet wat er met de personen gebeurd was nadat ze waren gehoord en vrijgelaten. Wel werden ze in ieder geval geregistreerd. Er waren kaartenbakken met honderden namen, verdeeld in de categorieën **misdadig** (bijvoorbeeld veroordeeld krachtens artikel 248bis) en **niet-misdadig** (waarvan alleen de homoseksualiteit verondersteld werd). Die registratie zou ook niet in handen gekomen zijn van de bezetters.[7] L. de Jong, die in zijn werk een rondschrijven van de bevelhebber van de Sicherheitspolizei van 16 juli 1941 aanhaalde, vermeldde dat wel de registratiesystemen van bijvoorbeeld Jehova's getuigen en zigeuners werden opgevraagd, maar repte niet over het eventueel inzamelen van registraties van homoseksuelen.[8]
Onderzoek van het *Journaal* lijkt een en ander te bevestigen. Toch bleken uit deze bron ook contacten tussen de Sicherheitspolizei en de Nederlandse zedenpolitie, die zich overigens in het algemeen beperkten tot het inwinnen van informaties. Ook de vraag in januari 1941 van de Generalkommissar für Verwaltung und Justiz aan de

Obermedizinalrat Reuter, wat hij kon doen om de Nederlandse politie te stimuleren bij de vervolging van de tegennatuurlijke ontucht, omdat de resultaten van de eerder genoemde verordening '*praktisch gleich Null*' waren, duidt erop dat de Duitsers de vervolging van homoseksualiteit aan de Nederlandse overheid overlieten. De Generalkommissar schreef:

> '*Eine erfolgreiche Bekämpfung der Homosexualität ist nur möglich, wenn von Seiten der niederländischen Polizei die entsprechende Initiative ergriffen und nicht lediglich auf zufällige Anzeigen gewartet wird. Die für eine wirksame Bekämpfung unbedingt erforderlichen Massnahmen, wie Ermittlung der Lokale, die von Homosexuellen bevorzugt werden, Ueberwachung der dort verkehrenden Personen, Vernehmung der Strichjungen usw., erfordern Erfahrung, kriminalistisches Geschick und Berufseifer. Diese drei Voraussetzungen sind jedoch bei der niederländischen Kriminalpolizei auf dem Gebiet der Homosexualität nicht gegeben.*'[9]

Wat er precies met de klacht van de Generalkommissar gebeurde is mij onbekend. Wel laat het *Journaal* van de Haagse zedenpolitie een sterke toename van het aantal mutaties betreffende homoseksualiteit zien vanaf februari 1941, een maand na de brief.
In de *Meldingsrapporten* van de Amsterdamse zedenpolitie is een dergelijke opleving niet te bespeuren (over de hele maand februari 1 rapport ter zake artikel 247) maar hierbij dient te worden aangetekend, dat rapporten of processen-verbaal betreffende urinoirbezoek helaas ontbreken.
Evenals in Den Haag, wist de oud-zedenpolitiebeambte van Amsterdam zich niets te herinneren van contacten tussen de Amsterdamse politie en de Sicherheitsdienst, betreffende homoseksualiteit.[10]
Volgens deze getuige kregen alleen homoseksuelen die '*lastig*' waren moeilijkheden. Als bijvoorbeeld iemand opgebracht werd en probeerde te ontvluchten, kon de betreffende politieman zelf in de problemen komen ('*Maar dat gebeurde nauwelijks hoor. Nee, helden zijn het nooit geweest*'). Als genoegdoening werd de betreffende persoon dan zodra hij weer opgebracht was, te werk gesteld in het werkkamp **De witte Pael**. Dit werkkamp lag in Overijssel en werd veel voor 'a-socialen' en souteneurs gebruikt. '*Maar in het algemeen was je toch tegen die moffen en ging je ze geen plezier doen om ze ergens mee te helpen.*'[11]
Uit het Haagse *Journaal* blijkt dat de Sicherheitsdienst wel geprobeerd heeft zelf iets tegen homo's te ondernemen:

> **J 1943 498 (3 april)** *'Door de Sicherheitspolizei, Binnenhof 7 (officier van Dienst Berets) wordt de aandacht gevestigd op de homo-sexueelen, die de urinoir a/h Buitenhof bezoeken. De bekende homo's die zich in die urinoir ophouden of in de omgeving daarvan moeten naar de Sicherheitspolizei, Binnenhof 7 worden gebracht en daar worden afgegeven. Van iedere overbrenging moet een mutatie worden gemaakt in het journaal.'*
> *'Geheele personeel kennis nemen'*

Ik heb geen aanwijzing dat aan dit Duitse verzoek is voldaan. Wel werden de dagen na 3 april steeds een aantal personen bij het genoemde urinoir aangehouden. Hoewel de — Haagse — politie op de hoogte was van het bestaan van café's waar veel homoseksuelen kwamen, hebben ze er geen razzia's gehouden. Wel blijkt uit **J 1942 1521 (27 september)** dat ze er controles hielden.

Enkele politie-invallen in Den Haag en Beets

Eén politie-inval op een bijeenkomst van homoseksuelen heeft nogal wat bekendheid gekregen.
Op 8 november 1943 werd in *Het Vaderland* een bericht over een politie-inval in Den Haag gemeld, waarbij achtenveertig personen waren opgepakt. *'De politie zal hier op krachtige wijze ingrijpen. Het meerendeel van de danslustigen zal in Duitsland worden tewerkgesteld.'*[12]
Op 3 december werd hierop uitgebreid ingegaan door het blad van de Germaanse SS *Storm*. (L. de Jong: '*Storm-SS*, het weekblad van de orde, was even virulent anti-semitisch als bijvoorbeeld *de Misthoorn*, — Nederlandse *Stürmer* — maar minder grof, hautainer als het ware, eerder met de kille, sadistische "hardheid" die als het hoogste ideaal voor de SS'er gold.')[13]

> *'PRAKTIJKEN DIE HET DAGLICHT NIET KONDEN VELEN*
> *Er waarde een panische schrik door de gelederen van de homosexueelen en hun aanhang, toen op 31 juli 1940 een verordening van de Rijkscommissaris voor het bezette Nederlandse gebied werd afgekondigd. De in deze verordening genoemde handelingen worden terecht als* misdrijf *beschouwd, want zij vormen aanslagen op een gezonde volksgemeenschap. (...) Reeds kort na de afkondiging van de Verordening werden de meeste flikkerkroegen gesloten of door den patroon op "gore happen" (flikkertaal voor degelijk getrouwde mannen) ingesteld omdat de zij-ige cliëntèle van voorheen op de vlucht was gesla-*

> *gen. Na de politieke vluchtelingen vormden de "mietjes" de tweede groep van onderduikelaars. (...) Maar na dien eersten schrik schijnt de kleffe bende tot rust te zijn gekomen. Wie in de groote steden zijn oogen den kost geeft, kan tegen zonsondergang de zij-jurken weer zien schuiven. (...) En alsof er ter bestrijding van de tegennatuurlijke ontucht geen verscherpte bepalingen zijn afgekondigd, zien wij in een stad als Amsterdam óók weer de flikkerskroegen floreeren. Deezer dagen verscheen in de Haagsche dagbladen een bericht dat ons aan de dagen van vóór 31 juli 1940 herinnerde: VERSTOORD BAL-MASQUE. (...) Uit dit krantenbericht lezen wij twee dingen: a. de homosexueelen roeren zich en durven weer orgieën op touw te zetten; b. er is in Den Haag een inspectie van de zedenpolitie die aandacht schenkt aan dit verderfelijke gedoe en daarbij weet in te grijpen. (...) Zij vormen een bedreiging voor het gezonde volkskind en daarom dienen zij als onkruid in den Nederlandschen tuin te worden uitgerot tot den laatsten man, die op deze betiteling immers geen recht kan laten gelden.'*

In een tweede artikel in *Storm* op 10 december 1943: ' Wat een gezond volk schaadt dient uitgesneden' werd de terugkeer van de *'vuige wellustelingen'* beschreven die het gevolg was van de verordening 81. Beide partijen immers waren strafbaar en de homoseksuelen zouden nu geen angst meer hebben voor chantage.

> *'Onder deze omstandigheden durven de kroegbazen hun bijzondere cliëntèle wel weer in hun lokaliteiten toe te laten. De specifieke "flikkerskroegen" krijgen weer een kans. Zij floreeren en in homosexueele kringen worden zij van mond tot mond met name genoemd. (...) De beruchte adressen op het Singel en in de Watersteeg (tusschen Kalverstraat en Rokin, nabij het Spui), dateerden van vóór den oorlog en behooren reeds tot het verleden. Neen, de "zij-jurken" en de leden van* "de potterie" *(de lesbische vrouwen), geven elkander thans rendezvous in "café-Populair", een uitgesproken* "flikkerkroeg" *in de Lange Niezel no. 15, die als verlofzaak wordt geëxploiteerd door mejuffrouw S. Heshof, alias* "Blonde Saar".'

Hierna volgde een uitgebreide beschrijving van de zaak en de mannelijke en vrouwelijke bezoekers. *'Dat is de taak van de Inspectie der Zedenpolitie, die het tevens tot haar taak kan rekenen, om deze verderfelijke holen van ontucht uit te zwavelen.'*
Een derde artikel dat in *Storm* werd aangekondigd heb ik in de jaargangen niet meer gevonden.

Het kroegje van Blonde Saar *(Foto: A.P.)*

WAT EEN GEZOND VOLK SCHAADT

dient uitgesneden

> *In de kleine kroegjes in de steegjes van Amsterdam en elders wordt de gezondheid van ons volk verpest. Het is een volksbelang dat hieraan een einde komt.*

Na de afkondiging van de verordening ter bestrijding van de tegennatuurlijke ontucht, waarde er een panische schrik door de kleffe bende der homo-sexueelen in het bezette Nederlandsche gebied.

waard voor straf — een bedreiging vormen voor den aan dit delict zich schuldig wetenden hoofdpersoon.

In de misdadige kringen, die zich rond die der homo-sexueelen vormden, kon

Artikel uit het SS-blad *Storm* van 10 december 1943 (afkomstig uit de Van Leeuwen-bibliotheek).

Het blijft curieus dat de artikelen geschreven werden door iemand die veel wist van de homo-subcultuur. Aandachtige lezing van het artikel deed bij mij het vermoeden rijzen dat mogelijk de auteur een voormalig lid van de Amsterdamse (zeden-)politie kan zijn geweest. De artikelen wekten de indruk dat in Den Haag meerdere overvallen op bijeenkomsten van homoseksuelen hebben plaatsgevonden en dat zulks mogelijk in Amsterdam ook gebeurde.
De inval op 6 november 1943 in de Obrechtstraat 207 stond ook in het Haagse *Journaal* (**J 1943 1376**). De bijeenkomst was door iemand bij de politie aangegeven. Iedereen werd weer vrijgelaten. *'Eén persoon, zag kans door den tuin de vlucht te nemen.'*
Wie de bijeenkomst had aangegeven werd niet in het *Journaal* vermeld. Eén van de door mij geïnterviewde personen herinnerde zich dat in café 'Blonde Saar' ook altijd een NSB-er kwam. (*'Een beetje scheel met een scheef oog.'*) In dat café kwam ook altijd een zeer bijzondere figuur Anna Mee Wong, die in Den Haag woonde en daar het feest had georganiseerd dat door de politie werd verstoord. Anna Mee Wong werd zelf niet gepakt omdat hij in een jurk over de schutting was geklommen. Een getuige vertelde me dat Anna Mee Wong hem later het hele verhaal vertelde en dat hij gezegd had dat de eerder genoemde NSB-er de boel verraden zou hebben, omdat hij ook graag had willen komen, maar geen uitnodiging kreeg.[14]

De betrokken NSB-er zou nog een bijeenkomst verraden hebben. Twee vrienden in De Beets in Noord-Holland vierden het feest dat één van hen 25 jaar postbode was. Er waren wat vriendenparen en vriendinnen uitgenodigd. Over die uitnodigingen werd in café 'Blonde Saar' gesproken. De betrokken NSB-er had weer gevraagd of hij ook mocht komen maar was weer afgewimpeld. Tijdens het feest in De Beets kwamen plotseling drie dorpsveldwachters binnen, die vertelden dat ze een tip gekregen hadden uit een bar in de Lange Niezel in Amsterdam, dat er een homoseksuele orgie zou plaatsvinden. Een van de aanwezige vrouwen die ooit een buitenechtelijk contact had gehad met een van de dorpsveldwachters maakte deze duidelijk dat als er moeilijkheden zouden komen, deze veldwachter ook moeilijkheden te wachten zouden staan. Van dit politiebezoek heeft niemand ooit meer wat vernomen.
(De geïnterviewde heeft de betrokken NSB-er in 1980 nog eens in een vereniging ontmoet en er toen voor gezorgd dat deze persoon niet meer welkom was.)

Wat er verder met de aangehoudenen in Den Haag precies gebeurd was, stond niet in het *Journaal* aangetekend. Wel is hiermee in verband een aantekening in het *Journaal* 6 weken later erg curieus:

> **J 1943 1574 (21 december)** *'In een anoniem schrijven wordt medegedeeld dat Anna Wong naar een concentratiekamp te Amersfoort is gebracht en dat Kriek en Marie in België zaken doen en binnenkort zeer rijk daar van terug komen. Naar Kriek wordt een onderzoek ingesteld.'*
> *'Waarschijnlijk worden bedoeld de homosexueelen G en L.'*

Zou ook deze anonieme brief het resultaat zijn geweest van de verhalen en roddels die in café 'Blonde Saar' rond verteld werden na de Haagse inval?

Er is echter nòg iets vreemds met deze Haagse inval aan de hand. Blijkens het *Journaal* hebben er ook politie-invallen in Den Haag plaatsgevonden in 1941 en 1944. Voor de betreffende mutaties verwijs ik naar de achterin opgenomen bijlage: *J 1941 380 (12 maart)* en *J 1944 385 (9 april)*.
Bij de inval in 1943 waren de vrouwen Alida H en Maria B aanwezig, die ook bij de inval in 1941 werden aangehouden. Toen werden ze echter slechts als getuige meegenomen. De genoemde Maria B was bovendien aanwezig bij de politie-inval in 1944. Ze was in gezelschap van de kelner Maarten L die ook bij de inval in 1943 was aangehouden en Geertje K, die twee maanden ervoor door een onbekende bij de politie als homoseksueel werd gemeld (*J 1944 193, 11 februari*).
De in 1943 eveneens aangehouden vrouwen Wilhelmina L en Gerdina B waren geen onbekenden voor de politie. Kort voor hun aanhouding waren de ouders van Wilhelmina L er achter gekomen dat hun dochter een lesbische relatie onderhield met Gerdina B en vroegen ze de Haagse zedenpolitie om hier een eind aan te maken (*J 1943 1077, 6 september*). Een aantal maanden later brachten de vaders van Wilhelmina en Gerdina een anonieme brief bij de politie waarin de homoseksualiteit van beide dochters weer werd genoemd en dat zij in een café met elkaar ontucht zouden plegen. (*J 1944 924, 15 augustus*). De dames moesten een of meerdere vijanden gehad hebben want zelfs de Befehlshaber der Sicherheitspolizei und SD in Den Haag ging zich er mee bemoeien. (*J 1944 1052, 10 oktober*).
Uit de verklaring van een getuige (die zich 6 november vergeefs in het kolenhok had trachten te verstoppen) bleek mij dat het grootste deel van de aanwezigen uit de horecawereld kwam.[15]
De vrouwen zouden deel uitgemaakt hebben van een uitgebreide lesbische coterie die zich over enkele animeerbars uitstrekte. Ik wil de mogelijkheid openlaten dat uit deze kringen de melding aan de politie kwam: van buren, kennissen, familieleden, echtgenoten of ja-

loerse vrienden of vriendinnen. De genoemde politie-inval op 9 april 1944 op een feestje waar lesbische vrouwen aanwezig waren en waar mannen met elkaar dansten vond plaats naar aanleiding van een op 21 januari 1944 geuite klacht van de op het feest zelf aanwezige pensionhoudster, dat bepaalde pensiongasten van haar vermoedelijk tegennatuurlijke ontucht pleegden. (*J 1944 100, 21 januari*)
Wat in de *Journaal*-mutaties in ieder geval duidelijk getekend werd was de onderdrukkende sfeer waarin vele homoseksuelen moesten leven. Steeds op hun hoede. Ook als ze geen strafbaar feit pleegden.

Politie-inval in Amsterdam

De politie-invallen in Den Haag hadden plaatsgevonden op particuliere adressen. Voor Amsterdam heb ik dergelijke informatie niet beschikbaar. Wel leven in de herinnering van veel oudere homoseksuelen een of meerdere invallen voort, in café 'Blonde Saar'. Een getuige was net weg, toen er — in 1943 — een razzia gehouden werd. Iedereen werd opgepikt en verhoord, en bijna iedereen werd weer vrijgelaten. De gearresteerde personen werden over hun homoseksuele contacten ondervraagd. Eén persoon zou naar een Duits kamp afgevoerd zijn.[16] Een andere getuige vertelde dat hij een kennis had die in café 'Blonde Saar' opgepakt was bij een razzia waarbij de Nederlandse politie de Duitsers assisteerde. De mensen werden allen naar het hoofdbureau van politie gebracht en zouden daar op een verschrikkelijke manier behandeld zijn. De kennis van deze getuige, nog lijkbleek van het gebeurde, deed aan hem verslag, nadat een vriendin hem vrijgekregen had door te zeggen dat hij haar verloofde was. *'Ze hadden geroepen: "De tule die en die moet hier komen" en daarna werden ze gestompt en geslagen.'* De persoon in kwestie had later niets meer van zijn aanhouding gehoord.[17]
Een derde getuige zou bij 'Blonde Saar' naar binnen gaan, toen hij de deur op slot vond. Binnen bleek een razzia gaande. Enkele huizen naast het café woonde een half-joodse kleermaker, zelf homoseksueel, die niemand waarschuwde dat er een razzia gaande was, toen de deur nog niet op slot was. De getuige kon zich nog maar vaag herinneren dat er mensen opgepakt waren. De mensen zouden met lichte straffen weggekomen zijn. Hij meende zich te herinneren dat ze ergens in Friesland vastgehouden waren.[18] Hoeveel personen er door de Nederlandse politie en Duitse bezetters aangehouden zijn valt niet meer te beramen. Een politieambtenaar die een deel van de oorlog op de politie-administratie werkte vertelde me, dat de meeste arrestaties in het algemeen door de SD geschiedden zonder verdere tussenkomst van de politie. Waar wel tussenkomst of assistentie van

de Nederlandse politie had plaatsgevonden werd dit niet eens altijd geregistreerd omdat de Duitsers dan zeiden: *'Dat hoef je niet op te schrijven; die nemen we zo wel mee.'*[19]

Twee arrestaties; in Arnhem en Den Haag

Over het optreden van Duitsers ten opzichte van gearresteerde personen, die bij hen als homoseksueel bekend stonden konden nog enkele personen getuigen. H.J., in 1923 in Arnhem geboren, had enkele joodse homoseksuele vrienden. In zijn omgeving was men van zijn homoseksualiteit op de hoogte, maar dat had nooit problemen gegeven. H.J. had wel de indruk dat het sommige mensen stak dat hij er zo goed verzorgd uitzag tijdens de crisis. Regelmatig werd hij in het begin van de bezettingstijd door een aantal politieagenten aangehouden die hem dan vroegen wat hij moest met een bepaalde jongen waarmee hij gesignaleerd was. Aan zijn zuster vroegen ze wel plagend *'Hoe is het met je zuster?'*, terwijl ze hèm bedoelden. Voorjaar 1941 werd hij 's nachts om 2 uur door Duitse SS-ers en de Nederlandse SS-er 'Jaap', van zijn bed gelicht en overgebracht naar het Arnhemse Huis van Bewaring. Daar werd hem naar de verblijfplaatsen gevraagd van zijn homoseksuele joodse vrienden. Hij werd bedreigd en ernstig mishandeld. Zijn zuster wist door de Nederlandse SS-er geld aan te bieden te bewerkstelligen dat H.J. na 8 maanden gevangenis naar een werkkamp mocht. Bostedt, über Neu-Münster, in Sleeswijk-Holstein. In het najaar van 1944 werd hij op medische gronden uit het kamp ontslagen door tussenkomst van een Duitser die nogal op Nederlanders gesteld was. Terug in Nederland moest H.J. voor de Wehrmacht-bakkerij meel sjouwen; kort erop werd Arnhem geëvacueerd. Hoewel deels invalide ging H.J. na de oorlog werken. Om dit te kunnen, heeft hij uit angst voor registratie een en ander na de oorlog aanvankelijk niet aangegeven. Op verzoeken om een uitkering die hij in 1976 uiteindelijk toch deed werd negatief beschikt, omdat men vond dat er te weinig bewijs was. Zomer 1980 werd hem door een ambtenaar meegedeeld dat deze er nog nooit van had gehoord dat homo's in de oorlog vervolgd werden.[20]

Een eveneens duidelijk verbitterd relaas gaf FvdT, geboren in 1914, die ik in 1942 in het Haagse *Journaal* tegenkwam voor een zaak die de Haagse Arrondissementsrechtbank in 1943 seponeerde. Kort na deze zaak werd de politie erop geattendeerd dat op een bepaald adres — het adres van FvdT — homoseksuelen zouden wonen. Beide mutaties werden afgedaan door dezelfde Nederlandse politiebeambte die gedetacheerd was bij de Duitse SD: J. Op 11 mei 1944 werd

bij de Haagse zedenpolitie een schrijven van het Waffen SS und Polizeigericht X ontvangen betreffende FvdT: '... *tegen wien bij genoemd "gericht" een zaak loopende is betreffende tegennatuurlijke ontucht. Daar hij heeft verklaard reeds eerder voor een dergelijk feit door de Zedenpol. alhier te zijn gehoord, verzoekt men inzage van de desbetreffende stukken.*'[21]
Zelf vertelde FvdT mij dat hij aanvankelijk door de SD verhoord werd voor het luisteren naar de Engelse zender: '*Waarom moest J. komen om te zeggen dat ik homo was!*' FvdT werd volgens zijn zeggen eerst naar de gevangenis in Scheveningen overgebracht en vandaar naar het concentratiekamp Vught waar hij tot 10 jaar dwangarbeid werd veroordeeld. Vanuit Vught werd hij naar Amersfoort overgeplaatst waar hij in een buitencommando te werk werd gesteld, vanwaaruit hij kans zag te vluchten. FvdT wilde me eigenlijk niets meer over het gebeuren vertellen omdat het volgens hem toch allemaal geen zin — meer — had.[22]
Volgens hem waren de '*smeerlappen*' na de oorlog nooit bestraft, voor wat ze hem en anderen aangedaan hadden. J., in de oorlog bij de SD geplaatst (door zijn HBS-opleiding sprak hij Duits), heeft na de oorlog — na een korte zuivering — zijn politieloopbaan kunnen vervolgen. De nu gepensioneerde J. liet mij weten er geen behoefte aan te hebben om geïnterviewd te worden over de positie van homoseksuelen in de bezettingstijd. Hij zei aan die tijd geen prettige herinneringen te hebben.
Na de eerste druk van dit boek zijn mij door de beantwoording van tweedekamervragen door de minister nog enkele zaken bekend geworden. FvdT werd reeds op 7 februari 1944 in de gevangenis in Scheveningen binnengebracht en verbleef van 9 tot 13 juni in het concentratiekamp Vught. Op 12 augustus 1944 werd hij naar het kamp Amersfoort overgebracht. Op zijn registratiekaart werd aangetekend '*Grund: Unzucht*'. Tijdens een transport naar Zwolle dat 26 september het concentratiekamp Amersfoort verliet, vluchtte FvdT.
Over de vermelding 'ontucht' meldt het Rijksinstituut voor Oorlogsdocumentatie slechts: '*welke achtergrond deze vermelding heeft is onbekend*', en dat men het wat de homoseksuele achtergrond betreft een '*twijfelgeval*' vindt.

Een Utrechtse arrestant, 'aan angst overleden'

Een derde getuige kon niet meer spreken over wat hij in oorlogstijd van de Duitsers ondervond: zijn homoseksualiteit betekende zijn dood. Zijn nu bejaarde schoonzuster die alles van nabij meegemaakt had, vertelde me er over.[23]

JvR, in 1890 in de provincie Utrecht geboren, werd door Duitse militairen betrapt terwijl hij in het Walkartpark in Zeist seksuele omgang had met een Duitse soldaat. De soldaat werd dezelfde of de volgende dag standrechtelijk neergeschoten. JvR werd op die 28ste april in 1944 naar het politiebureau in 'B' gebracht. De — Nederlandse — politie liet hem naar huis gaan om zijn zaken te regelen en droeg hem op zich de volgende dag te melden. (De schoonzuster van JvR vermoedde later dat ze hem de kans gaven om te ontvluchten.) Op 29 april werd JvR op het politiebureau door de Duitsers opgehaald die hem langs zijn familie reden om afscheid te nemen. '*Der Schweinhund, der Homosexuell*', riep de Duitser die de leiding van dit transport had. Omdat een broer, HvR niet wist wat dat betekende verduidelijkte mevrouw v. R dat hier '*flikker*' mee bedoeld werd. De oudste broer van JvR wilde niets meer met hem te maken hebben en weigerde om afscheid te nemen. De andere broer, HvR ging naar de auto waar hij JvR geheel over zijn toeren aantrof, terwijl deze steeds maar zei dat hij het zo'n schande voor de familie vond. Hij was erg bang. Een in het huis achtergebleven Duitse soldaat vertelde mevrouw v. R dat de Duitser waar het contact mee had plaatsgevonden neergeschoten was, en dat haar zwager de gevangenis zou ingaan en zeker 3 jaar zou krijgen. Om te voorkomen dat het onbewoonde huis van JvR leeggeroofd zou worden wist mevrouw v. R de dinsdag erop via allerlei instanties toestemming te krijgen haar zwager te spreken over het ondertekenen van de betreffende formulieren. JvR bleek geheel apathisch en over zijn toeren, en scheen zijn schoonzuster nauwelijks te herkennen. '*Ja,*' hij wilde wel tekenen. Hij vond alles best. Donderdag 4 mei bezocht ze hem weer, maar het enige dat hij nog kon uitbrengen was '*ja... ja... ja...*'. '*Hij was doods en doodsbang.*' Er waren geen sporen van geweld in zijn gezicht te zien. De week erop bleek niemand in de Utrechtse gevangenis meer te weten waar JvR gebleven was. Hij zou ziek zijn en ergens in een Amsterdams ziekenhuis liggen. Op 17 mei (negentien dagen na de aanhouding) kwam een Nederlandse politieman aan de deur met de botte opmerking: '*Je zwager is overleden*'. Een dag later hoorde mevrouw v. R dat JvR in het Amsterdamse 'Zuiderziekenhuis' (Wilhelminagasthuis) lag. Na veel formaliteiten, door het hoog te spelen en door heen en weer te reizen tussen Utrecht en Amsterdam wist mevrouw v. R nog juist op tijd het lijk van haar zwager vrij te krijgen voor een begrafenis in zijn eigen gemeente. Het lijk lag in een verzegelde kist die niet opengemaakt mocht worden. Mevrouw v. R en haar man brachten de kist naar hun huis in 'B' en waarschuwden de huisarts, die in het bijzijn van HvR lijkschouwing verrichtte. Mevrouw v. R, die hier niet bij aanwezig mocht zijn werd na afloop verteld dat JvR ernstig geslagen was, maar dat hij *'aan angst was overleden'*. Na zijn dood hadden ze om onbekende reden sectie op zijn lichaam uitgevoerd. JvR werd begraven. Na een poosje kreeg de familie bericht dat de bezittingen van JvR in het Huis van Bewaring konden worden opgehaald. Mevrouw v. R moest hiervoor in een vertrek zijn waar een jonge Duitser, van ongeveer twintig jaar, van achter een bureau de zaken stuk voor stuk overhandigde en daarbij steeds vroeg *'Was dit van hem?'*. Ondertussen, op gedempte toon zodat anderen hem niet konden verstaan, zonder op of om te kijken zei hij: *'Ze hebben hem hier geslagen,'* waarna hij weer doorging met zijn werk. Even later: *'... het was een schande...'*, en weer even later *'... uw zwager was een heer ...'*. Zo, stukje bij beetje, hoorde mevrouw v. R wat er uiteindelijk met haar zwager gebeurd was.

Het bovenstaande verslag kon ik door toeval optekenen. Het is niet het enige geval geweest. Meer getuigeverslagen bestaan er echter tot op heden niet. Ik wil in deze nog terugkomen op de veel geuite stelling dat duizenden homoseksuelen naar Duitse concentratiekampen zouden zijn afgevoerd en daar zouden zijn omgekomen.

Nederlandse homoseksuelen in concentratiekampen

Er werden mij enkele namen genoemd van homoseksuelen die naar concentratiekampen zouden zijn afgevoerd en aldaar omgebracht zouden zijn. In hoeverre de deportatie van deze genoemde personen samenhing met hun homoseksualiteit, of dat homoseksualiteit als verzwarend feit ten laste was gelegd, kan ik nu nog niet beoordelen. Onder andere door middel van oproepen in de contactbladen van Nederlandse verzetsorganisaties en organisaties van nazi-slachtoffers, heb ik hierover slechts algemene informatie gekregen. In de Duitse concentratiekampen is men beslist personen tegengekomen die homoseksueel waren. Johan Wildschut (die als Jehova's getuige gevangen zat) schreef me dat hij in het kamp Sachsenhausen Nederlands sprekende homoseksuelen ontmoet had, die een roze driehoek droegen. Volgens hem waren er daarnaast vele homoseksuelen die om een andere reden werden vastgehouden.[24]

Een andere ex-concentratiekampgevangene, Nico Wijnen, schreef me dat hij in de acht kampen waar hij gezeten had wel vaak Nederlandse homoseksuelen had ontmoet, maar nooit een Nederlandse gevangene die een roze driehoek droeg. Bij een aantal verzetsstrijders casu quo politieke gevangenen was homoseksualiteit wel als strafverzwarend feit toegevoegd.[25]

Ook andere ex-gevangenen van de nazi's schreven me dat ze nooit een 'Nederlandse roze-driehoek' hebben gezien, maar wel Nederlandse homoseksuelen, die overigens niet speciaal behandeld werden door andere medegevangenen. Daarnaast kon men het zich niet zo exact meer herinneren, omdat men er indertijd niet speciaal op gelet had. Men kende de verschillende categorieën wel, maar bleef toch meestal zoveel mogelijk in het eigen 'kringetje'. Kort gezegd komt het er op neer dat men zich wel de aanwezigheid van 'roze-driehoeken' in de Duitse concentratiekampen kon herinneren, èn de aanwezigheid van Nederlandse homoseksuelen (naast homoseksueel gedrag van personen die ze daar niet onder rekenden). De combinatie van beide was onbekend. In de Nederlandse concentratiekampen zaten ook zeker homoseksuelen. Of daar roze driehoeken werden gedragen kon niemand zich herinneren.

In het hoofdstuk waarin ik een schets gaf van de positie van homoseksuelen in Duitsland heb ik al gewezen op de vaak a-politieke houding van veel in concentratiekampen gevangengehouden homoseksuelen zoals die uit bronnen naar voren kwam. Men werd dikwijls als 'rozedriehoek' niet opgepakt omdat men gericht iets tegen de Duitse nazi-staat ondernomen had, maar omdat men uiting had gegeven aan zijn intieme gevoelens.
Als ik spreek over Nederlandse homoseksuelen in kampen onderscheid ik twee groepen.
Allereerst de groep die alleen in de sfeer van overtreding van verordening 91 van de Rijkscommissaris is opgepakt. De bronnen wijzen in de richting, dat deze personen alleen werden vastgehouden in combinatie met een verzwarende omstandigheid. Zij hadden bijvoorbeeld met een politieagent of militair seksueel contact gemaakt of dit geprobeerd, of ze werden als homoseksueel erg lastig en brutaal gevonden. Mijn indruk is dat deze personen bij bewijsbare overtredingen ('misdrijven') voor de rechter gebracht werden en in een aantal gevallen (al of niet met tussenkomst van de rechterlijke macht) werden gevangen gehouden of tewerk gesteld. De tweede groep bestaat uit die personen die vanwege een overtreding of misdrijf in hechtenis waren genomen (buiten de homoseksuele sfeer) en waarbij homoseksualiteit als een strafverzwarend rechtsfeit werd gebruikt. Dat kon bij een economisch delict zijn of bij een politiek misdrijf. Vooral deze personen zijn in de gevangenissen en concentratiekampen te vinden geweest. Uitdrukkelijk sluit ik hierbij de deportatie van joden uit. Mevrouw Furth van het Nederlands Auschwitz Comité schreef: '*In onze kring, meestal joods, was iedereen ter dood veroordeeld, homo of niet en bij ons weten zijn daar dan ook geen extra nog zwaardere straffen op gesteld.*'[26]

Nico Wijnen van de 'Vriendenkring van Oud-Natzweilers' herinnerde zich:

> *'Wel waren er onder de Nederlandse gevangenen homosexuelen, maar die zaten, wegens deelname aan het verzet, als politiek gevangenen, droegen een rode driehoek.'*[27]
> *'In de vier jaar, die ik in acht Duitse concentratiekampen zat, heb ik velen van hen meegemaakt. Het merendeel (overal zit kaf onder) van hen waren voortreffelijke kameraden, die vaak ook aktief meewerkten aan het illegale kampverzet, dit met gevaar voor eigen leven. (...) Aan het "verzet" hebben zowel in Nederland als in andere Europese landen óók homosexuelen deelgenomen en ik vermoed dat verhoudingsgewijs dit zelfs een groot aantal is geweest. (...) De paragraaf 175 is na de bezetting van ons land ook van toepassing op Nederland verklaard, maar voorzover ik weet, heeft dit hier niet tot vervolging geleid. Wel werd bij processen tegen verzetslieden, die homoseksueel waren, dit gegeven extra vermeld.'*[28]

Het verzet

De berichten over een verhoudingsgewijze oververtegenwoordiging van homoseksuelen in het verzet zijn mijns inziens nauwelijks te verklaren uit het feit van de homoseksualiteit zelf, als wel uit het vrijer zijn om te handelen. Zonder afhankelijk gezin, vaak met gebroken familiebanden, zal iemand eerder grotere risico's durven nemen. Een aantal personen die in 1940 betrokken waren bij de oprichting van het blad *Levensrecht* maakte in meerdere of mindere mate deel uit van het grote en kleine verzet in de bezettingstijd. Jef Last, Tom Rot en Niek Engelschman bijvoorbeeld via de 'Vonkgroep'; Jaap van Leeuwen in de 'Paroolgroep'. Voor een aantal personen speelden hun homoseksuele gevoelens slechts een ondergeschikte rol bij hun motieven. Ja, ze vonden het zelfs niet wenselijk om hun homo-zijn en hun illegale activiteiten op de een of andere manier met elkaar te combineren.[29]
Die homoseksuele gevoelens waren natuurlijk niet geheel uit te sluiten in een groep die nauw samenwerkte met gevaar voor eigen leven. Frits Dekking in zijn verslag van de rechtszaak van de verzetsgroep rond Gerrit van der Veen en Willem Arondeus, die de befaamde aanslag op het Amsterdamse bevolkingsregister uitvoerde: *'Afgezien van deze homosexuele verhouding is mij opgevallen de sfeer van homo-erotiek, die over ons allen lag, een grote wederzijdse bewondering en vrijwel vertedering voor elkaar.'*[30]

Deze homoseksuele verhouding sloeg op de relatie tussen Willem Arondeus en Sjoerd Bakker. Willem Arondeus was kunstenaar. Zodra hij merkte dat hij homoseksueel was, kwam hij volledig voor zijn afwijkende gevoelens uit.[31] Als eerste kunstenaar verzette hij zich in 1941 tegen de Kultuurkamer in zijn *Brandarisbrief* en ontmoette hij Gerrit van der Veen. Bij het oprollen van de verzetsgroep wisten de Duitsers gebruik te maken van een schippersknecht die geholpen had bij de aanslag op het bevolkingsregister en met wie Arondeus een homoseksuele relatie onderhield. L. de Jong suggereerde dat bij deze schippersknecht, eenmaal door de Duitsers opgepakt, wellicht alle wrok tegen Arondeus naar voren kwam.[32]
Eerder meldde De Jong, dat Arondeus de schippersknecht als een soort manusje-van-alles gebruikte in het verzetswerk, '*... niet zonder een stille wrok van Brandsteeders kant: Arondeus liet hem, zo meende Brandsteeder, maar de stad op en neer draven, had minder tijd en aandacht voor hem dan vroeger en gaf hem maar weinig geld.*'[33]
In de genoemde rechtszaak werd Arondeus verweten druk op deze schippersknecht te hebben uitgeoefend. Ook ten opzichte van een ander uit de verzetsgroep, Sjoerd Bakker, werd gepoogd Arondeus' rol in de groep te verzwaren door hem er van te beschuldigen misbruik van zijn relatie te hebben gemaakt. Bakkers schuld zou dan minder aangerekend worden omdat hij '*door zijn sterke gevoelsbinding met Arondeus deze niets zou hebben kunnen weigeren*'.
Bakker ontkende dat er tussen hen van een liefdesverhouding sprake was en droeg de volle verantwoordingvoor zijn daden. Allen die aan de overval hadden meegedaan werden 1 juli 1943 gefusilleerd.
Lau Mazirel was advocate tijdens de Tweede Wereldoorlog. Ze kende 'Tiky' (bijnaam voor Willem Arondeus) erg goed:

> '*Op een keer zaten we in het atelier van Sjoerd. Zijn oudste broer Popke en nog een broer van hem waren er ook. Als zo vaak hadden we het er over wie van ons de oorlog zou overleven. Toen moesten we Sjoerd en Tiky beloven, dat wie het overleven zou aan de mensen vertellen zou dat homo's niet noodzakelijk verwijfd behoefden te zijn. Natuurlijk beloofden we dat. Ik vond het een beetje gek. Als wijf weet ik heus wel dat geslacht niets met moed te maken heeft. Maar goed, als dit nu beloofd moest worden, dan deed je dat.*'

Nadat de verzetsgroep opgepakt was slaagde Lau Mazirel er in om Willem Arondeus een halve dag voor zijn fusillering in het Huis van Bewaring aan de Amsterdamse Weteringschans te bezoeken. '*Hij gaf ons nog boodschappen van anderen mee voor mensen buiten en nog eens liet hij ons beloven na de oorlog aan de mensen te vertellen dat homo's niet minder moedig behoefden te zijn dan andere mensen.'*[34] Naar men mij vertelde, werd in tegenstelling tot anderen die in het verzet hun leven gelaten hebben, aan Willem Arondeus een postume onderscheiding onthouden omdat hij homoseksueel was. En wat lezen we bij L. de Jong die zo uitgebreid over de overvallers van het Amsterdamse bevolkingsregister schreef en de getuigenis van Lau Mazirel tot zijn beschikking had? Bij L. de Jong lezen we hierover niets.

Van verschillende getuigen kreeg ik verhalen uit de tweede hand waaruit bleek dat in het verzet vrij openlijk homoseksueel contact kon worden gelegd. Zo had een vriend van een getuige een homoseksuele kennis die hem gewoon meenam naar een zwaar gebarricadeerd huis waar zelfs in de garage een pantserwagen stond. Die kennis maakte deel uit van de verzetsgroep rond 'Pa Verkuyl'.[35]
Eén verzetsverhaal heeft een wat duistere achtergrond. In de oorlog kwam een Duitse Feldwebel nogal vaak in het eerder genoemde café 'Nol' aan het Amsterdamse Thorbeckeplein. Die Feldwebel had het grootste woord en legde openlijk contact met andere homoseksuelen. Drie of vier dagen na de bevrijding kwam de getuige deze Feldwebel in burger, in gezelschap van een andere persoon tegen, en waarschuwde iemand van de BS (Binnenlandse Strijdkrachten). Deze arresteerde de Feldwebel en diens begeleider en bracht hen naar het hoofdkwartier dat op het Museumplein in het latere Amerikaanse consulaat gevestigd was. Daar werd wat achter gesloten deuren besproken, waarna er iemand naar de getuige kwam en zei: *'Ja heren, prachtig werk gedaan. Het is vervelend, en ik hoop dat u het weer doet, maar deze heren zijn "goed" en hebben gespioneerd en hebben veel goed werk gedaan voor Nederland.'* De getuige vertelde dat hij razend was geworden en het geen manier van doen had gevonden. Later is hij deze Feldwebel nog vaak in de Nederlandse homosubcultuur tegengekomen (de Feldwebel werd een bekend Nederlands couturier) waarbij deze zich uiterst beleefd en correct tegenover hem gedroeg.[38]
Dezelfde getuige vertelde me: *'Bij de Hitlerjugend waren twee aartsnichten; ook die blonde hoerenjongen waar ik toen voor gewaarschuwd was in de Nes. Heel kort broekje, met die benen. Daar speelde zich ook van alles af. Er was ook een hele mooie blonde vent, een hoge functionaris.'* De getuige ging naar de opera en zag daar dat Seyss-Inquart en andere officieren ook in de zaal zaten. Daarom is hij na de pauze weggegaan. In de foyer *'was die hele mooie blonde jongen, later goed bevriend met een gouwleider, een soort provinciehoofd; bleek later een spion geweest te zijn voor de Nederlanders.'*[37]

Homoseksuele contacten met Duitsers

Zoals in hoofdstuk 5 beschreven stonden er op homoseksueel verkeer voor Duitsers zware straffen. Die bleven ook in de bezette gebieden voor hen van kracht. Een getuige werd ooit drie maanden in het Huis van Bewaring op de Amsterdamse Weteringschans vastgehouden door een valse beschuldiging van een — Duitse — buurvrouw. Hij werd geplaatst op de afdeling waar Duitsers zaten en waar een erg licht regiem was: de celdeur bleef open en het eten was vrij goed. Daar was onder andere een Duitse soldaat die voor homoseksuele omgang tot een jaar gevangenisstraf werd veroordeeld. '*Hoe bestaat het,*' hadden zijn medegevangenen gezegd, '*voor een beetje Arschficken*'.[38]
De Duitsers bleken tijdens het verhoor van de geïnterviewde op de hoogte van zijn homoseksualiteit ('*Du bist Schwul eh?*') maar hadden er verder geen aandacht aan besteed. Een andere getuige had iets dergelijks meegemaakt.[39]

Talrijk zijn de mededelingen van homoseksuele contacten tussen Nederlanders en Duitsers. Die contacten werden meestal gelegd op een urinoir. Een getuige die met zijn vriend samenwoonde, deelde het huis met twee — heteroseksuele — vriendinnen. Deze pikten wel eens vier Duitsers op, die kennelijk veronderstelden dat er bij hen thuis nog meer vrouwen waren. Ze maakten dan overigens totaal geen bezwaar als bleek dat er twee andere mannen in huis waren. Er werd niet over homoseksualiteit gesproken, maar de mannen gingen gewoon met elkaar naar bed. '*Als ze bezig waren, waren ze echt homo.*'[40]
Tegenover degenen die contacten met Duitsers onderhielden staan echter veel getuigen die verklaarden onder geen voorwaarde met een Duitser naar bed te zijn geweest, omdat ze fel anti-Duits waren, of gewoon bang. Een van hen vertelde me dat hij het zo onrechtvaardig gevonden had, dat van meisjes die in de oorlog relaties met Duitsers hadden onderhouden de haren werden afgeknipt bij de volksgerichten tijdens de eerste dagen na de bevrijding. Dat deze meisjes vernederd werden, terwijl homo's die dergelijke contacten hadden onderhouden beweerden dat wat zij gedaan hadden iets heel anders geweest was. Contact leggen met Duitsers was overigens niet geheel zonder risico. In het *Journaal* van de Haagse zedenpolitie komen een aantal mutaties voor waarbij Duitsers Nederlandse homoseksuelen vanaf urinoirs opbrachten. Een getuige vertelde van een Feldwebel van ongeveer 18 jaar die bij één urinoir in Breda stond en hem de weg naar een bepaalde kazerne vroeg. Gemoedelijk wandelden ze naar dit adres. Vlak bij het hek van de kazerne nam de Feld-

webel de getuige bij de schouder en bracht hem naar de wachtcommandant met de beschuldiging dat de getuige homoseksueel contact met hem gezocht had. Mogelijk wilde die Duitser bij zijn meerderen een goede beurt maken. De getuige redde zich er uit door te zeggen dat hij met de militair was meegelopen omdat hij graag zijn Duitse spreekvaardigheid wilde ophalen. De wachtcommandant, (*'een hele aardige man'*) liet hem gaan.

Mijn algemene indruk is dat contacten met Duitsers door veel homoseksuelen niet zo'n probleem gevonden werden. Mogelijk was er soms sprake van een soort solidariteitsgevoel: we zijn beiden homo en dat heeft verder niets met de oorlog om ons heen te maken. Mogelijk hebben ook economische motieven soms een rol gespeeld, zonder dat dit nu direct in de sfeer van de prostitutie getrokken moet worden. Een getuige, destijds 15 jaar, herinnerde zich hoe hij in 1944 vaak tegen de marmeren platen van hotel 'Schiller' aan het Amsterdamse Rembrandtsplein stond omdat het er lekker warm was en hij van Duitsers wel eens iets kreeg, bijvoorbeeld chocolade. Een enkele keer volgde hier een seksueel contact uit dat in Schiller — een soort officiershotel — plaatsvond.[41] Contacten met Duitsers bleven overigens niet tot toevallige ontmoetingen beperkt. Er werden ook wel vriendschappen gesloten, die soms tot ver na de oorlog onderhouden konden worden.[42] Een getuige heeft zelfs een joodse jongen met een Duitse officier zien omgaan.[43] Een ander had gezien hoe op een door een joodse jongen — Maup den Hartog — georganiseerd feestje een Duitser met een gast was meegekomen die van die joodse jongen *'werk maakte'*. Die joodse jongen had het toch te gevaarlijk gevonden en was er verder niet op ingegaan.[44]

Joodse homoseksuelen

Voor joden was het toch al extra gevaarlijk om homoseksuele contacten te onderhouden. Iedereen kon onder druk een ander verraden. Uit een mutatie in het *Meldingsrapport* van de Amsterdamse zedenpolitie bleek dat een jood waarvan homoseksueel gedrag bekend was onmiddellijk aan de Duitsers werd overgedragen.[45] Het *Meldingsrapport* van de zedenpolitie van 21 december 1942 bleek verdwenen. In het *Meldingsrapport* van het 'Bureau Joodsche Zaken' van 21 december werd aangetekend dat de 22-jarige kledingperser Samuel B. en de 25-jarige behanger Emanuel N. aangehouden waren omdat ze illegaal linnengoed en dameskousen verkocht zouden hebben. In het *Meldingsrapport* van het 'Bureau Joodsche Zaken' van 29 december 1942 stond over de genoemde personen:

'Daar genoemde verdachten zich hadden schuldig gemaakt aan een overtreding van de verordening van den Rijkscommissaris voor het bezette Nederlandsche Gebied, zijn zij, op last van voormelden Commissaris van Politie (J. de Hartog) nog dienzelfden dag geleid voor den Sicherheitsdienst te Amsterdam...'

Een aantal door mij ondervraagde personen waren van joodse komaf. Zij vertelden me dat ze in de bezettingstijd geen enkel homoseksueel contact hadden gehad omdat ze, behorend tot de weinige gelukkigen, ondergedoken waren. Een getuige — van niet-joodse origine — die van 1943 tot 1945 ondergedoken was, had juist in zijn onderduikperiode zijn eerste homoseksuele contact. Hij onderhield een relatie met een van de zoons van de familie waar hij ondergedoken zat met toestemming van de ouders.[46] Deze ouders waren van mening dat er in bezettingstijd wel zaken met een groter belang waren. Het zal een extreme uitzondering zijn geweest.

Stomme zonde

Aan het slot van dit hoofdstuk, waarin ik geprobeerd heb weer te geven in hoeverre en in welke mate er tijdens de bezetting sprake was van onderdrukking en vervolging van homoseksuelen en homoseksualiteit, wil ik een van de schaarse tekstfragmenten aanhalen, waarin L. de Jong in zijn beschrijving van *Het Koninkrijk der Nederlanden in de Tweede Wereldoorlog*, aandacht besteedde aan homoseksualiteit.

> *'Op homosexualiteit stond binnen de SS en dus ook binnen de Nederlandse SS de doodstraf — gaat het te ver wanneer men in deze zware straf een aanwijzing ziet voor de kracht van de verboden neiging? In Nederland is minstens één feitelijk doodvonnis uitgevoerd. Dit betrof het hoofd van de spionage-school die de* Sicherheitsdienst *in "Zorgvliet" tussen Den Haag en Scheveningen opgericht had,* SS-Hauptsturmführer *J.J.B. Sprey. Op grond van mededelingen van drie leerlingen dat Sprey een poging tot homoseksueel contact ondernomen had, werd door Himmler na een uitvoerig onderzoek bepaald dat Sprey (die inmiddels in het Kleinseminarie te Haaren opgesloten was) de gelegenheid zou krijgen, zelfmoord te plegen. Sprey was op dat moment met de dochter van een Duitse generaal verloofd. Rauter bracht hem in zijn cel een revolver en Sprey maakte een einde aan zijn leven. Hij werd met militaire eer begraven; een overlijdensadvertentie in* Volk en Vaderland *deelde mee*

dat hij bij een oefening met handgranaten om het leven gekomen was.'[47]

Dit laatste benadrukt nogmaals, wat al keer op keer in deze studie gemeld is: de uitdrukking **stomme zonde** zoals die in de middeleeuwen en achttiende eeuw gebruikt werd om homoseksueel gedrag aan te duiden is ook in het midden van de twintigste eeuw van toepassing. Of het nu de zelfmoord van Sprey is, de niet uitgereikte onderscheiding aan Willem Arondeus, de schaarse opmerkingen met betrekking tot homoseksualiteit in het werk van L. de Jong. Bijna overal en bijna door iedereen werd homoseksualiteit weggedrukt uit het openbare leven, doodgezwegen. Ook dit is een stukje van de 'onderdrukking'.
De **vervolging** van homoseksuelen tijdens de bezetting in Nederland heeft in de praktijk een incidenteel karakter gehad. De **onderdrukking** van homoseksuelen en homoseksualiteit daarentegen heeft wel degelijk een stelselmatig karakter gedragen. Voor velen is het meest onthutsende misschien, dat dit stelsel al voor de oorlog grotendeels bestond en na de bezetting bleef functioneren.

7. VRIJ?

Toenemende aandacht van de politie

5 mei 1945. Vrij. Vrij van het brute nazi-regiem. Onder de Nederlandse bevolking heerste de stemming dat alles nu anders, nee, béter zou worden. Er zou een nieuwe tijd aanbreken. De oude machten van vóór de oorlog trachtten de bezettingstijd tussen gedachtenstreepjes te plaatsen en 6 mei 1945 op 9 mei 1940 te laten volgen. Hoewel dit natuurlijk onmogelijk was omdat te veel vernield was en te veel mensen door de doorstane ontberingen en het geweld geradicaliseerd waren, bleven de vernieuwingen toch achter bij de verwachtingen die velen koesterden. Voor de meeste homoseksuelen veranderde er wat homoseksualiteit betreft met de bevrijding weinig in hun herinnering. Natuurlijk, verordening 81 werd afgeschaft, maar velen hadden niet of nauwelijks het bestaan ervan beseft.
De eerste maanden na de bezettingstijd stortten alle Nederlanders zich in het feest dat bevrijding heette; homoseksuelen niet uitgezonderd. Soms werden ook door homoseksuelen onderling bevrijdingsfeesten georganiseerd. En net als 'Trees' wilde ook 'Kees' zijn Canadees. Volgens de getuigen wisten die al snel de weg te vinden, al vond een geïnterviewde dat het niet zulke goede minnaars waren. *'Hurry up, next is waiting.'*[1]
Vrij snel na de bezetting ging het normale leven, zo goed en zo kwaad als het kon, weer zijn gewone gang. Niek Engelschman heeft die 'normale' gang voor homoseksuelen treffend verwoord: *na de oorlog bleven de homoseksuelen in de illegaliteit voortleven.*
In de eerste verslagen van de Amsterdamse zedenpolitie na de bezetting lezen we:

> **November 1945:** *'Door activiteit en doorzicht van personeel der Zedenpolitie werd in de afgeloopen maand een complot ontdekt van een 5-tal mannelijke personen (zwarthandelaren) tusschen 16 en 22 jaar die zich schuldig maakten aan afpersing en straatroof. Vier hunner werden opgespoord en in het Huis van Bewaring opgesloten. De werkwijze was als volgt: Eén hunner zocht contact met provincialen, die de stad bezochten en nam het slachtoffer mee naar een stille straat. Aldaar probeer-*

den zij geld los te krijgen. Lukte dit niet, dan werd het slachtoffer beschuldigd van homo-sexueele handelingen. In één geval voorkwam de Zedenpolitie in arreststelling van de zoogenaamde homo, in een ander geval had de man al een nacht aan één der bureaux vertoefd, in een derde geval hadden de daders een man neergeslagen en van f 400,— en een rijwiel beroofd.'
December 1945: *'De werkzaamheden der Zedenpolitie nemen meer en meer toe. Vooral de homo-sexualiteit schijnt de kop op te steken en meerdere ernstige gevallen (ontucht met minderjarigen, art 247 en 248bis Sr.) werden behandeld. Of het intrekken van de verordening "Bestrijding tegennatuurlijke ontucht" hierop van invloed is, valt nog niet te beoordelen.' (Waarnemend hoofdcommissaris van politie J.L. Posthuma ondertekende.)*

Ook in de verslagen van februari en oktober 1946 werd melding gemaakt van chantage en afpersing van homoseksuelen. Vreemd genoeg vond de hoofdcommissaris van politie Kaasjager deze afpersing blijkbaar minder erg als het homoseksuelen betrof. In het verslag van oktober 1946 over een chantagegeval van zes jongemannen die veelal provincialen lokten is te lezen: *'Dit optreden is erger dan chantage, daar meestal blijkt, dat de zgn. homosexueel geheel onschuldig is en geen enkele sexueele afwijking heeft.'* Het aantal klachten en mededelingen over homoseksualiteit dat gedurende de oorlogsjaren afnam, steeg na de bevrijding snel: 1947: 477; 1948: 819; 1949: 1004; 1950: 993. De in hoofdstuk 3 gegeven statistiek betreffende het aantal rechtbankzaken ter zake van overtreding van artikel 248bis liet na de bevrijding eveneens een snelle stijging zien: 1946: 67; 1947: 134; 1948: 150; 1949: 236; 1950: 215. Ook de door mij geïnterviewde personen wezen er op dat de politie na de oorlog veel strenger optrad dan voor de oorlog.

Levensrecht

Enkelen van degenen die voor de oorlog bij het blad *Levensrecht* betrokken waren ontmoetten elkaar weer in de zomer van 1946. Pas in het najaar werden de eerste initiatieven — door Niek Engelschman — ontplooid. Het valt niet moeilijk in te denken dat de initiatiefnemers in de achterliggende jaren geradicaliseerd waren. Ze namen het besluit tot heroprichting van het blad *Levensrecht.* Omdat het blad opgehouden was te verschijnen bij de inval van de Duitsers, was het niet moeilijk van het Militair Gezag een papiertoewijzing te krijgen. Jaap van Leeuwen kende nog 130 adressen van het in 1940 vernietigde bestand uit zijn hoofd. In september 1946 verscheen *Levensrecht* nummer 4, dat er in opmaak en inhoud net zo uitzag als in 1940. Alleen het redactie- en administratie-adres was veranderd. Dit was nu het adres van — de onder zijn eigen naam werkende — Jo van Dijk. Han Diekmann was niet meer benaderd door de naoorlogse initiatiefnemers, naar men later zei, omdat men dacht dat hij in Duitsland omgekomen was. In 1940 was er echter al sprake geweest van een persoonlijk conflict. Diekmann, die nog steeds op zijn oude adres woonde, sloot zich spoedig zonder rancune bij het initiatief aan.

Het tweede naoorlogse nummer van *Levensrecht* werd geopend met het artikel 'Slachtoffers en Zondebokken. Een In Memoriam' van de hand van 'Corydon'. Hierin werd aandacht gevraagd voor de vervolging van homoseksuelen tijdens de Tweede Wereldoorlog, omdat dit feit tot nu toe door iedereen verzwegen werd. De schrijver schatte het aantal omgekomen homo's nogal hoog: bijna evenveel als de joden. Veertig procent van de gevangenen van de Duitse concentratiekampen zouden homoseksuelen geweest zijn. '*Wanneer de juiste gegevens omtrent deze kampen en het aantal homosexuelen dat vernietigd werd, nog steeds niet bekend zijn, dan komt dat slechts omdat niemand het ooit voor hen durfde opnemen, omdat velen, ook in de geallieerde landen, dit optreden in hun hart niet afgekeurd hebben.*'
Hoe juist ik de laatste opmerking ook vind, de rest van het artikel getuigde meer van strijdvaardigheid voor '*nieuwe mensenrechten*' dan van historische juistheid. Binnen de uit het blad *Levensrecht* voortgekomen vereniging is naar men zich herinnerde ook nauwelijks over de positie van homoseksuelen tijdens de bezettingstijd gesproken. Niemand had bewust een of andere cesuur in zijn homoleven ervaren, wat aanleiding had kunnen geven om over 'vroeger' te praten.
Vroeger en nu waren één. De illegaliteit leefde nog steeds voort. Pas in oktober 1949, in de opvolger van *Levensrecht*, *Vriendschap* werd weer aandacht aan homoseksuelen in de oorlog besteed. In een artikel 'Joden, Negers en Homophielen' legde Bob Angelo (Niek Engelschman) een verband tussen de discriminatie van de genoemde bevolkingsgroepen. Het aantal in de oorlog vermoorde homoseksuelen schatte hij op 60.000. '*Er is nog geen dagblad geweest dat het ooit nodig heeft gevonden ook daar de aandacht op te vestigen. Ja, men zou geneigd zijn te veronderstellen, dat men van mening is, dat de nazi-bandieten de mensheid een weldaad hebben bewezen door deze massale vernietiging.*' Niek Engelschman stelde dat organisatie de enige mogelijkheid is om iets dergelijks in de toekomst te

voorkomen, en om discriminatie op te heffen. Het artikel lijkt een weerwoord op angstgevoelens van homoseksuelen die vonden dat het bestaan van zo'n organisatie juist reacties tégen homoseksuelen zou oproepen.

Cultuur- en Ontspanningscentrum

Die organisatie werd opgericht na een bijeenkomst van 150 lezers van *Levensrecht* op 7 december 1946 in een bovenzaal van Café de la Paix, Leidsestraat 67-71 in Amsterdam. Niek Engelschman had hierbij het model van 'Der Kreis' uit het Zwitserse Zürich voor ogen. Men koos als (schuil)naam 'Wetenschappelijk Culturele en Ontspanningsvereniging Shakespeare Club'. In de statuten stond:

> *'De vereniging heeft ten doel de bevordering van een op wetenschappelijk onderzoek gebaseerd inzicht in het wezen van het uranisme, zulks ten behoeve van een rechtvaardige en humane beoordeling en behandeling van uraniërs, in wier lot de vereniging verbetering tracht te bereiken.'*

Vanaf het begin op 18 januari 1947 bezocht de politie de bijeenkomsten van de Shakespeare Club waar ze het niet zo op begrepen had. Ze was bang voor overtredingen op het gebied van de zeden en verleiding van minderjarigen. Het eerste kon ze niet constateren, en minderjarigen werden door het bestuur geweerd. De politie maakte het de vereniging steeds moeilijker. Zo wist de politie in Eindhoven een zalenverhuurder te bewegen de leden van de Shakespeare Club een zaal te weigeren. De politie ontruimde de zaal en rechercheurs volgden de homo's op straat. 's Nachts werd — tevergeefs — in alle hotels gecontroleerd of twee leden van de Shakespeare Club op één kamer sliepen.[2]
De Amsterdamse hoofdcommissaris van politie Kaasjager probeerde steeds in overleg met Justitie het verschijnen van het verenigingsblad onmogelijk te maken. Toen de chef van de Amsterdamse zedenpolitie Frémery Kalff proces-verbaal dreigde op te maken besloot Niek Engelschman op 26 februari 1948 de uitgave van *Levensrecht* te staken. De politie was echter tegen een verbod op de vereniging van homoseksuelen en op alle homoseksuele contacten, omdat dit allerlei negatieve aspecten met zich zou meebrengen. Minderjarigen zouden bijvoorbeeld eerder het slachtoffer kunnen worden (net als in de oorlog zouden zij bij aangifte dan ook strafbaar zijn) en volwassenen zouden minder openlijk voor hun geaardheid uitkomen dan anders mogelijk het geval was, wat registratie zou bemoeilijken. In

Albrechtshaven, de eerste sociëteit van het COC, in 1947 (foto Van Leeuwen-bibliotheek).

een club als de Shakespeare Club kon men homoseksuelen beter controleren.[3] Jaap van Leeuwen noemde commissaris Frémery Kalff één van de drie mensen die de homo's zo geholpen hadden, dat de maatschappij haar houding tegenover de uitgestotenen begon te veranderen. Napoleon, die homoseksualiteit uit de strafwet haalde, de jurist Benno Stokvis, die ze in zijn boek *De homosexueelen* voor het eerst zelf aan het woord liet en Frémery Kalff, die door zijn liberale houding de oprichting van het COC (de latere benaming van de Shakespeare Club) praktisch mogelijk maakte. Niek Engelschman omschreef Frémery Kalff als een '... *liberaal, humaan, rechtschapen man, die kennelijk oog had voor ons beetje moed*'. Dat 'oog' was zoals al eerder gezegd wel het 'oog' van de praktische oplossing. Immers, de Shakespeare Club propageerde het wegblijven van homoseksuelen uit 'verderfelijke' café's en urinoirs. In 1949 werd daar zelfs een film over gemaakt.

Na de opheffing van het blad *Levensrecht* kelderde het ledental van de vereniging van rond de 1000 tot ongeveer 600. Vanaf april 1948 werd het *Maandbericht* uitgegeven om toch nog contact met de leden te kunnen onderhouden. Het optimisme van de begintijd was echter verdwenen en men richtte zich meer naar binnen, op andere homoseksuelen. Men wist nu dat de strijd langer zou duren dan men gehoopt had. Het verenigingsleven, in de sociëteit 'Albrechtshaven' (in de Amsterdamse Wijde Kapelsteeg) ging een belangrijkere rol spelen.[4]
De eerste keer dat de politie in het *Maandverslag* iets over de Shakespeare Club meldde was in februari 1949: '*In de nacht van 19 op 20 februari 1949 werd controle gehouden bij de vereniging "Cultuur en Ontspanningscentrum" (homosexueelen) die een bal-masqué hield in de bovenzalen van perceel Utrechtsedwarsstraat 13 alhier*'. Het bericht was in zoverre onjuist dat pas de volgende dag, op 20 februari, besloten zou worden tot de naamswijziging Cultuur- en Ontspanningscentrum: COC. Vanaf januari (na achtereenvolgens het *Maandbericht* en het *Mededelingenblad*) werd het verenigingsblad *Vriendschap* uitgegeven. De naamsverandering symboliseerde de andere, meer voorzichtige weg die het COC insloeg. In datzelfde jaar bedacht Jaap van Leeuwen in een gesprek met Niek Engelschman het woord **homofiel**.
Op die manier werd de nadruk op het seksuele aspect van homoseksualiteit verminderd. Al zei Van Leeuwen dat het niet als vluchtwoord bedoeld was maar omdat hij homoseksueel volmaakt ongeschikt vond om een medemens aan te duiden, en omdat 'filie', de liefde tot, op zowel het lichamelijke als het geestelijke sloeg.[5] Het aantal leden groeide nu tot 1401 in 1950. In dat jaar bestonden er

afdelingen in Rotterdam, Den Haag, Amsterdam, Groningen, Utrecht en Haarlem.
Hoewel er persoonlijke banden met het vooroorlogse NWHK bestonden (Schorer werd erelid van het COC) waren er nauwelijks overeenkomsten. De maatschappij was na de oorlog agressiever, harder, minder naïef geworden. Het optreden van de politie tegen homoseksuelen werd intensiever. De homo-emancipatiebeweging antwoordde met meer zelfbewustzijn en doorzetting.

De reactie

Het openlijk naar buiten treden van homoseksuelen dwong niet-homoseksuelen tot een tegenactie, of op z'n minst tot een antwoord. Uit protestantse hoek verscheen in 1948 van de hand van de zenuwarts Tolsma een boekje *Homosexualiteit en homo-erotiek* in de serie *Ziel en sexe*.[6] In de inleiding schreef de Amsterdamse hoogleraar L. van der Horst:

> *'Dat beteekent, dat deze litteratuur ook in handen komt van velen, die de kennis van deze stof niet voor eigen educatie of hun practische arbeid behoeven. Het gevaar van zulk een klassikale behandeling is dan ook, dat ze evenveel schade als geestelijke winst kan beteekenen. Maar de vragen rondom de homosexualiteit zijn thans zóó tot in alle kringen doorgedrongen, dat men niet met een individueele behandeling van hen, die met deze problemen worstelen, kan volstaan.'*

In het werk werd begrip voor homoseksualiteit van de hand gewezen en werden wegen ter voorkoming en voor therapie aangegeven. Onder het mom van *'een bijdrage te leveren tot een beter sociaal contact tussen homo-sexuelen en heterosexuelen'* verschenen er in 1963 en 1974 (enigszins minder negatieve en discriminerende) herdrukken van het boek en bleef het tot op heden een standaardwerk van bestrijders van homoseksualiteit. Het boek was een waardige opvolger van het in 1923 verschenen *Het donkere vraagstuk der sexueele ethiek* van Groenewegen.
Ook de katholieke actie van voor de oorlog (het Rooms Katholiek Artsencongres van 1939) kreeg haar vervolg. Maart 1950 bracht het aan de Katholieke Volks Partij verwante Centrum voor Staatkundige Vorming het rapport *Overheid en Openbare Zeden* uit. Homoseksualiteit zou bij de wet verboden moeten worden vond men. Op de homoseksuele daad zou twee jaar gevangenisstraf moeten staan, en zelfs vier jaar wanneer er sprake was van contact met een minder-

jarige. De brochure werd uitgegeven door Van Haren, de voormalige redacteur van *De Gemeenteraad* en organisator van het congres in 1938 waarop bij de minister aangedrongen werd om de postwet te veranderen zodat het NWHK zijn jaarverslagen niet meer zou kunnen rondsturen. Maar de restauratieve krachten kregen niet vrij baan. Het *Kinsey-rapport* van 1948 veranderde de kijk op seksualiteit bij veel mensen.[7]
Het COC werd het '*Nationaal Tehuis*' voor homoseksuelen. Vandaar uit werd contact gezocht en onderhouden met allerlei personen die op belangrijke posities in de Nederlandse maatschappij zaten. Langzaam zou bij velen van hen het besef doordringen dat homoseksualiteit niet de zonde of ziekte was waar het tot dan toe voor werd gehouden. Dat homoseksuelen geen patiënten of misdadigers waren.

Tolerantie op afstand

Artikel 248bis werd in 1971 afgeschaft. Twee jaar erna kreeg het COC de jarenlang begeerde 'koninklijke goedkeuring' als vereniging. In die jaren sloeg het COC een andere koers in. **Dulden** of **tolerantie** werden als achterhaalde doelen beschouwd. Men probeerde nu door **integratie** tot **acceptatie** te komen, waarbij met integratie bedoeld werd het anders inrichten van de maatschappij, zodat homoseksuele vrouwen en mannen hun eigen leven konden leiden. De homo-emancipatiebeweging verbreedde zich. Vanuit verschillende hoeken werd gepoogd die acceptatie te bereiken. De naam van het COC (Cultuur- en Ontspanningscentrum), in 1964 veranderd in Nederlandse Vereniging van Homofielen COC, wijzigde zich in 1971 in Nederlandse Vereniging tot Integratie van Homoseksualiteit COC. Onder invloed van de vrouwenbeweging wordt het afschaffen van opgelegde man-vrouw **rolpatronen** als belangrijke eis gezien voor het komen tot die acceptatie. Ook het toesnijden van de maatschappij op het individu, de **individualisering** van de samenleving geldt als een belangrijke voorwaarde. Schijnbaar is het zover gekomen door het voorontwerp van wet in 1981 van de 'Wet op de gelijke behandeling'. Discriminatie op grond van '*sexe, huwelijkse staat en homofilie*' zal verboden worden.
In een rapport van een commissie van het Ministerie van Cultuur, Recreatie en Maatschappelijk werk dat aan dit wetsvoorstel vooraf ging, bleek echter, dat van acceptatie bij lange na nog geen sprake is in de Nederlandse samenleving. Hooguit van '*tolerantie op afstand*'. Bovendien blijkt bij nadere bestudering van het voorontwerp van wet dat er zoveel uitzonderingen en beperkingen zijn, dat een verbetering van de situatie door de toekomstige Wet Gelijke Behandeling

nauwelijks te verwachten valt. Nog steeds leven veel homoseksuele vrouwen en mannen *'in de illegaliteit'*. Nog steeds worden homoseksuelen gechanteerd, gediscrimineerd en in elkaar geslagen. Nog steeds zijn er — al of niet religieus geïnspireerde — personen die homoseksuelen willen 'helpen', door ze 'eraf te helpen'.
Nog steeds geldt voor hetero's en homo's **'Tweeërlei maat'.**

8. KORTE NABESCHOUWING

Vervolging en onderdrukking

Ik heb geprobeerd de achtergrond te schetsen van het leven van homoseksuelen in de bezettingstijd en de reactie daarop van niet-homoseksuelen. Ik heb getracht een en ander in de bredere context te plaatsen van het leven van homoseksuelen en het denken over homoseksualiteit vóór de bezettingstijd en erná. Er is duidelijk een ontwikkeling te zien in de richting van meer tolerantie, maar dit tekent zich pas in de laatste jaren af. Homoseksuelen leefden zowel voor als na de oorlog in de illegaliteit, waarmee bedoeld wordt dat hun handelen, ja ook hun bestaan, maatschappelijk als ongewenst werd beschouwd. De houding van de Nederlandse samenleving ten opzichte van homoseksualiteit heeft veel overeenkomsten met die in Duitsland. Door het aan de macht komen van een pervers politiek systeem als het fascisme kon die houding in Duitsland haar uiterste consequentie krijgen: vernietiging. Die consequentie was niet zozeer het gevolg van een morele afkeuring en homofobie als wel van het voeren van een voor niets en niemand terugdeinzende bevolkingspolitiek. In die bevolkingspolitiek waren de ideale man en de ideale vrouw het essentiële instrument. In allerlei studies werd aangetoond dat afwijken van dat ideaal de Duitse 'volkskracht' zou aantasten. *'Bloedige slagen schaden de volkskracht minder dan het verlies van barende moeders'*.[1]
Het is die politiek geweest die dwong tot een zo volledig mogelijk onderdrukken van homoseksueel gedrag. Het onderdrukken van dat gedrag was nog belangrijker dan het onderdrukken van de persoon die dat gedrag tentoonspreidde. De nazi's moeten beseft hebben dat het niet zo eenvoudig was om alle homoseksuelen uit te roeien. Ze hebben wel de voorwaarden geschapen dat de homoseksuelen zo bang zouden worden dat ze hun ongewenste gedrag niet zouden durven uiten. Het verloop van de Tweede Wereldoorlog heeft een volledige uitvoering van de plannen onmogelijk gemaakt.

Logisch gedacht — ik heb er al eerder op gewezen — is homoseksualiteit in het vijandelijke kamp geen ongewenst verschijnsel omdat

het de 'volkskracht' van de vijand zou aantasten. De invoering van verordening 81 is mijns inziens voornamelijk voortgekomen uit het willen opleggen van de Duitse zedelijke norm in de bezette gebieden en de behoefte aan bescherming van de Duitsers (de 'Duitse volkskracht') in het bezette gebied. De feitelijke vervolging van homoseksuelen geschiedde selectiever dan in Duitsland. Daar waar Duitse belangen er direct mee gemoeid waren trad men zelf op. De algemene handhaving van de zeden liet men over aan de Nederlandse politie.
Vervolging van homoseksuelen in het bezette gebied was op korte termijn een middel, geen doel. Dat neemt niet weg dat dit de algemene positie van homoseksuelen nog moeilijker maakte dan ze al was.
De angst om aangegeven te worden was groot. Vrienden werden gewantrouwd. Naast een toename van de gevoelde dagelijkse onderdrukking, is er in de bezettingstijd een afname van de feitelijke dagelijkse onderdrukking te constateren. Dit hing samen met een verminderde aandacht van de politie voor homoseksuele gedragingen. De algemene oorlogsomstandigheden eisten steeds meer de aandacht op. Tegelijk verminderden de mogelijkheden om zedelijke controle op de bevolking uit te oefenen. Met de terugkeer van 'normalere' tijden na de bevrijding valt ook een vergrote aandacht op, voor de bestrijding van homoseksualiteit.

Het feit dat er meer publieke aandacht voor homoseksualiteit in woord en geschrift ontstond (soms ook positief) en het ontstaan van organisatievormen van homoseksuelen hebben velen het idee gegeven dat het na de oorlog allemaal beter is geworden.
Blijkens een onderzoek van een adviescommissie van de Nederlandse overheid is er echter slechts 'tolerantie op afstand' ontstaan. Misschien is dat anders te formuleren als 'levensrecht mits'.

Vergeten of verzwegen hoofdstuk

Uit de inhoud van al het voorgaande moge blijken dat er voldoende zaken te melden zijn over het specifieke van de homoseksuele leefsituatie in bezet Nederland. Directe zaken en achtergronden. Feiten en theorieën. Door verschillende personen is in de afgelopen jaren in verband hiermee gewezen op een leemte in het werk van L. de Jong *Het Koninkrijk der Nederlanden in de Tweede Wereldoorlog*. In het kader daarvan sprak R. Tielman in *De Groene Amsterdammer* van 22 maart 1978 over 'Het hoofdstuk dat De Jong vergat'. Nu is het niet zo dat De Jong 'de homoseksuelen' helemaal vergeten is. In het

zaakregister van deel 6 staan drie verwijsplaatsen achter het woordje '*homosexualiteit*'. Het is de enige ingang op dat begrip. Men moet alle dubbeldikke delen doorlezen om wat meer te weten te komen, want niet alleen geen hoofdstuk, maar ook geen paragraaf is er aan gewijd. Allereerst vermeldt De Jong homoseksualiteit bij enkele algemene overzichten: de invoering van verordening 81 (8: 641) en de aanwezigheid van Duitse homoseksuelen in concentratiekampen (4: 19, 212, 219, 577; 8: 14, 83, 548). De meeste aandacht krijgt homoseksualiteit in verband met het (mis-)bruik door kapo's van jongeren, meestal Poolse of Russische jongens (4: 654; 8: 513-515, 546). Homoseksualiteit wordt daar gebruikt in een zeer negatieve context. Deel 8, pagina 515: (over de kapo Ernst Jager) '*... in zijn armen een van de kleine Poolse prominenten, naar schatting 13 jaar oud. Het Pooltje was handtastelijk tussen Ernst Jagers benen en werd smakkend afgezoend.*'
Deel 8, pagina 546: '*Homosexualiteit, waarbij jeugdigen als "lustknaap" fungeerden, kwam, zoals wij reeds deden uitkomen, ook in andere kampen voor, hoofdzakelijk (aldus onze indruk) ten gevolge van de "aristocratie" der "groenen".*'
Deel 8, pagina 515: (over de kapo Jack Schreuder) '*... de zedenmisdadiger met zijn roze driehoek op de borst...*'
De Jong schreef over de homoseksuele SS-er Sprey (6: 391-392), en zelfs als hij positief over de homoseksuele verzetsstrijders Willem Arondeus en Sjoerd Bakker spreekt, is het de schuld van de schippersknecht waar Arondeus een homoseksuele relatie mee onderhield, dat de verzetsgroep werd opgerold (6: 693). Dat één van de beweegredenen van Arondeus was dat hij wilde bewijzen dat homoseksuelen net zo moedig kunnen zijn als anderen, zoeken we vergeefs. Zo'n verklaring, belangrijk als identificatiemogelijkheid voor veel homoseksuelen past kennelijk niet in de 'officiële' geschiedschrijving. Het is niet dat De Jong onwaarheid spreekt, maar het is de manier waarop hij homoseksualiteit wel en niet aan bod laat komen. Die keren dat hij homoseksualiteit wat inhoudelijker behandelt heeft hij het over Duitse homoseksuelen. Hij vermeldt dat de beschuldiging van homoseksualiteit vaak voldoende kon zijn om in een kamp terecht te komen (8: 83), en dat homoseksuelen het in het concentratiekamp extra zwaar hadden (8: 554), waarbij hij slechts aanhaalt wat Eugen Kogon in 1946 al schreef. Eigenlijk heeft De Jong het bijzondere van de homoseksuele leefsituatie in deel 8 op pagina 219 in 1 (één) zin afgedaan:

> *'Wat de homosexuelen betreft: enkelen hunner zijn in ons land opgepakt en naar concentratiekampen gestuurd, maar, anders dan in Duitsland is van een systematische vervolging van deze*

> *groep geen sprake geweest, zij het dat wellicht wel plannen in die richting bestaan hebben.'*

De opmerking van Tielman over '*het hoofdstuk dat De Jong vergat*' lijkt hier op zijn plaats. Maar er zijn zo veel 'vergeten' hoofdstukken in bronnen en geschiedschrijving aan te wijzen. Zo viel me op, dat in de publikaties van het Centraal Bureau voor de Statistiek bij de statistieken betreffende zelfmoord tussen de vele oorzaken nooit homoseksualiteit vermeld stond. Terwijl volgens de herinnering van vele homoseksuelen en andere bronnen de zelfmoord in verband met homoseksualiteit nogal vaak moet zijn voorgekomen.
Over homoseksualiteit werd niet gesproken. Zoals we gezien hebben werd sodomie in de middeleeuwen ook wel als de **stomme zonde** aangeduid. De zonde waarvan het noemen van de naam alleen al zonde was. Tot ver na de middeleeuwen werden processtukken in homoseksuele zaken vernietigd. De actievoerders tegen het NWHK in de twintiger en dertiger jaren van deze eeuw beseften heel goed het gevaar van het bespreekbaar maken van homoseksualiteit. Homoseksualiteit is vaak nog tot in deze dagen een stomme zonde gebleven. Wie er ooit over schreef haastte zich te verklaren zelf niet zo of anders te zijn en uitte zijn diepe bewogenheid met hen die zo veel leed te torsen hadden.

> '*Want de algemeene tegenzin is zoo groot, en de zedelijke afkeer zoo sterk, dat reeds het noemen van de naam en het wijzen naar het vraagstuk een mensch in opspraak kan brengen!*'

Een citaat uit het (tegen homoseksualiteit) in 1929 geschreven werk *Het donkere vraagstuk der sexueele ethiek* van Groenewegen. Woorden die Benno Stokvis in zijn in 1939 verschenen boek *De homosexueelen* herhaalde in zijn voorwoord. Van de onderdrukking van homoseksuelen en homoseksualiteit, speciaal in de bezettingstijd, rest nauwelijks een geschreven bron. Met het probleem van ontbrekende geschreven bronnen zijn de geschiedschrijvers van de Tweede Wereldoorlog bekend. Aanvullende interviews vullen de gaten in de bronnen, verduidelijken veel, en brengen bronnen tot leven.
Naast de verordening van de bezetter en de administratieve verwerking ervan staat nu de reactie van de betrokkenen waarvoor de verordening gold. Naast de 'acties' krijgen ook de 'reacties' hun plaats in het verhaal.
Dergelijke interviews zijn er met betrekking tot homoseksualiteit na de bezetting niet gemaakt. Hoe kan dat ook anders bij een probleem waar nauwelijks over gesproken kon en mocht worden en dat bovendien algemeen in de maatschappij als afkeurenswaardig werd be-

schouwd. In Duitsland bleven homoseksuelen die de verschrikkingen van het concentratiekamp overleefd hadden ook na de bevrijding strafbaar. De nazi-invloed op § 175 bleef tot in 1973 voortduren.
De samenleving als geheel moet er op aangesproken worden dat de onderdrukking van homoseksualiteit en de vervolging van homoseksuelen is doodgezwegen. Op pagina 120 heb ik al weergegeven hoe in *Levensrecht* in 1946 en in *Vriendschap* in 1949 de klacht geuit werd dat de geschiedenis van de homovervolging *verzwegen* werd.
Bij gelegenheid van de tiende herdenking van oorlog en bevrijding, in 1955, vroeg Niek Engelschman zich af: '*Heeft men ooit de zedelijke moed kunnen opbrengen om onze omgekomen gevoelsgenoten publiekelijk te herdenken?*'[2]
Wie het boek heeft gelezen kan niet meer spreken van **het vergeten hoofdstuk**, omdat dit 'hoofdstuk' treffend de positie schildert van homoseksuelen. Ik wil daarom spreken van **het verzwegen hoofdstuk.**

Een voorbeeld nog ter verduidelijking. Simon Wiesenthal, bekend achtervolger van nazi-misdadigers werd 31 december 1973 65 jaar. Personen die bij het Wiesenthalfonds — dat het werk van hem financieel ondersteunde — betrokken waren, besloten om hem een herinneringsboek, een *liber amicorum*, cadeau te doen. In dat boek zouden bekende mensen ieder op hun vakgebied in verband met de vervolging van minderheden een opstel leveren. Op de bestuursvergadering werd door de oprichter van het fonds Tom Rot het voorstel gedaan om niet alleen over joden en zigeuners maar ook over Jehova's getuigen en homoseksuelen bijdragen op te nemen. Brongersma werd gevraagd, maar deze had geen materiaal. B. Sijes ook niet. Men wilde niet dat H. Wilde het deed, omdat die meer journalist dan wetenschapper zou zijn. Uiteindelijk werd Stokvis gevraagd, die erg graag een opstel over homoseksuelen wilde schrijven. En inderdaad, wie was er beter geschikt dan de man die de homoseksuelen in 1939 een stem gaf.
Toen stuurde — volgens Tom Rot — Stempels (tevens hoofdredacteur van het *NRC-Handelsblad* die voorzitter van het fonds wilde worden) een brief waarin hij schreef dat hij in deze zijn poot moest stijfhouden. Orthodoxe joodse kringen zouden het niet tolereren dat er iets over Jehova's getuigen en homoseksuelen in het *liber amicorum* zou komen.
De heer Stempels die ik om een reactie vroeg kon zich niet herinneren noch voorstellen, ooit zo'n brief geschreven te hebben. Wel herinnerde hij zich dat er in het bestuur van het Wiesenthalfonds een

discussie over is geweest, maar dat de enige reden voor niet opnemen van een opstel over homoseksuelen in de Tweede Wereldoorlog het gebrek aan voldoende wetenschappelijk materiaal was geweest. Ook herinnerde hij zich dat Tom Rot er nogal teleurgesteld over was geweest.
Nu is de aanwezigheid van wetenschappelijk verantwoord materiaal vaak afhankelijk van de aanwezigheid van een wetenschappelijke vraagstelling. De afwezigheid is dan geen leemte in het materiaal, maar in de wil tot onderzoek.
Daarom werd (en wordt) soms geschiedenis niet vergeten maar verzwegen. Over de kwestie van het *liber amicorum* staan slechts de volgende dingen vast: er was een potentiële auteur, er is een discussie gevoerd en er is niets gepubliceerd. Volgens Tom Rot werd alles met de mantel der (PK: heteroseksuele) liefde bedekt.[3]

Maar alle voorbeelden van het doodzwijgen van onderdrukking en vervolging van homoseksuelen, speciaal tijdens de Tweede Wereldoorlog, kunnen niet duidelijker zijn dan de uitspraken van de heer A.H. Paape, directeur van het Rijksinstituut voor Oorlogsdocumentatie (RIOD). In een interview van de NOS-radio op 29 oktober 1982 verklaarde hij pas zeer kort bekend te zijn met de eerder in deze studie genoemde razzia's op bijeenkomsten van homoseksuelen, maar dat hij daar geen verder onderzoek naar zal doen. Het RIOD heeft namelijk een jaarplanning en als het alles tot de bodem zou moeten uitzoeken zou het instituut nog wel honderd jaar moeten blijven bestaan. Het lijkt hem hierom al overbodig om dit element toe te voegen, omdat daar in de laatste jaren door Tielman en mij al onderzoek naar verricht is. '*Dat ontheft ons gelukkig toch wel van deze taak*', verklaarde Paape.
Terwijl Tielman, ik en vele andere homologen juist onderzoek plegen omdat de 'officiële' geschiedschrijvers homoseksualiteit doodzwijgen. Onderzoekers als A. Venema en J. Rogier hebben bovendien al bijna twintig jaar geleden de aandacht gevestigd op deze gaten in de geschiedschrijving.
Wel heeft het RIOD een onderzoek gepleegd in zijn eigen — onvolledige — archieven, maar dat heeft tot niets geleid.
'*En ook dat zegt natuurlijk ons toch wel iets,*' aldus Paape, en hij vervolgt: '*Dat er niets te vinden is leidt ons in de eerste plaats tot het vermoeden dat dat heel weinig om het lijf gehad kan hebben. De vraagstelling waarmee u komt is toch: "Is er blijkens de kennis van het Instituut sprake geweest van vervolging van homoseksuelen", en dan kan ik gelukkig zeggen vanuit onze kennis, met alle voorbehoud daarvan — die vertoont ook gaten hier en daar — gelukkig NIET.*'

'En zo vormt de verklaring van de directeur van het Rijksinstituut voor Oorlogsdocumentatie een waardig (voorlopig?) slot van *Het verzwegen hoofdstuk*,' besloot ik in 1983 de eerste druk van mijn onderzoek.
Inmiddels liet de heer Paape van het RIOD mij weten dat het RIOD bij zijn standpunt blijft maar dat het eventueel onderzoek door derden van harte zal ondersteunen en faciliteiten zal verlenen.
Naar aanleiding van mijn boek werd door tweedekamerleden aan de minister gevraagd om erkenning van het feit dat homoseksuelen gedurende de Tweede Wereldoorlog in Nederland vervolgd zijn; om voor slachtoffers van deze vervolging een uitkering mogelijk te maken; en verder om te bevorderen dat een eventuele leemte in de geschiedschrijving over de Tweede Wereldoorlog alsnog wordt opgevuld.
Het negatieve antwoord van de minister op alle drie de vragen was voor de kamerleden reden om op 6 oktober 1983 opnieuw vragen te stellen. Bij het sluiten van dit boek op 16 januari 1984 waren deze vragen nog steeds niet beantwoord.

9. BIJLAGE

Mutaties uit het Journaal van de Haagse zedenpolitie

nr. 985, 21 juni 1940
EAH, wonende te Den Haag, "stelt ter beschikking van de Zedenpolitie een 3-tal brieven van den huzaar-ordonnans HCB, die voor de mobilisatie een 9tal weken bij hem inwonend was. Bedoelde brieven zijn afkomstig van een zekere T., wonende ... alhier, en geven den indruk van een homo-sexueel afkomstig te zijn."

nr. 1197, 15 augustus 1940
De 38jarige JCvD, wonende te Den Haag, hulpbesteller bij de PTT, "deponeert een brief op 15 augustus geschreven door zijn neef LvD, (17 jaar) gericht aan zijn 'schatje' den heer CdR, wonende te Leiden" (20 jaar).

nr 1226, 21 augustus 1940
"Op aanwijzing dat hij onanie heeft gepleegd wordt vanuit de waterplaats Oranjeplein opgebracht de (28 jarige in Den Haag wonende) dameskapper AJS."
nr 1254, 27 augustus 1940
AJS "verzocht schriftelijk aan den Commissaris van Politie van den justitieelen Dienst A, den naam te mogen weten van den man, die hem op 21 augustus 1940 bij de urinoir op het Oranjeplein alhier had uitgemaakt voor 'ruigpoot'."
nr 1292, 4 september 1940
AJS "verzocht schriftelijk aan den Officier van Justitie in verband met een tegen hem opgemaakt proces-verbaal (art 239 WvStr) in aanmerking te mogen komen voor een lichte straf cq. voorwaardelijke veroordeling."

nr 1310, 9 september 1940
CAH, 17 jaar, wonende te Rijswijk, kantoorbediende: "op aanwijzing vastgehouden, die even te voren een aan ZP bekend staande homosexueel bezoek had gebracht."

nr 1448, 9 oktober 1940
De 47-jarige ongehuwde vrouw JJP, wonende te Den Haag "had zich schriftelijk tot de Duitsche overheid gewend met het verzoek om uitkering van *f* 2.000,— aangezien zij tijdens het bombardement te Rotterdam haar geheele naaistersatelier is kwijtgeraakt. In dat schrijven heeft zij het over de homo-sexueelen te Amsterdam die volgens haar ongestraft worden gelaten." (Rapport opgemaakt) (betreffende apostille 1981 onvindbaar)

nr 1533, 5 november 1940
De 43-jarige ongehuwde vrouw JK, wonende te Den Haag: "Deelt mede dat in de percelen Trompstraat no 40 en 38 alhier des avonds en in den nacht meermalen vermoedelijk homo-sexueelen samenkomen."

nr 1832, 31 december 1940
"De agent van politie, rechercheur JdG (COD) brengt aan dezen dienst WJR (15 jaar, wonende te Den Haag) die eerst een valschen naam opgaf en de aandacht van dien rechercheur had getrokken omdat hij groote verteringen maakte. Het bleek dat hij meerdere malen ontucht had gepleegd met CMK (30 jaar, zonder beroep, wonende te Den Haag) die inmiddels door den rechercheur wordt aangebracht."
Proces-verbaal ter zake artikel 247 c.q. 248bis c.q. artikel 1 en 3 van den verordening 81 contra K, 31 december in verzekering, 2 januari 1941 in vrijheid. Proces-verbaal t/z artikel 1 en 3 v.d. verordening 81 contra R.
"K bij vonnis van de politierechter Den Haag 14 juli 1941 ontslagen van rechtsvervolging met plaatsing in een krankzinnigengesticht gedurende een proeftijd den termijn van 1 jaar niet te boven gaande met bevel dat verdachte ter beschikking van de Regeering zal worden gesteld. Verdachte R is voor het feit veroordeeld: het PV 15 maart 1941 naar directeur van Valkenheide ter kennisname alwaar de verdachte op 31 januari 1941 voor observatie is geplaatst. Vonnis kinderrechter 19 mei 1941 ter beschikking van de Regeering gesteld."

nr. 380, 2 maart 1941
"In den nacht van 1 op 2 Maart 1941, om 1.15 uur werd door den Insp. M, den Brig. N geassisteerd door personeel van dezen dienst een inval gedaan in perceel Witte de Withstraat 1a alhier. Op vermoeden dat aldaar een nachtkroeg werd gehouden voor en rendez-vous werd gegeven aan homo sexueelen. De hoofdbewoonster AMvO (53 jaar) en de navolgende 24 bezoekers(sters) werden aangehouden en overgebracht naar dezen dienst."
(volgen 24 namen, adressen, geboortedata, -plaatsen en beroepen)
"Proces Verbaal ZP N° 50/1941 t/z art 250bis WvStr en art 1, 1e lid v.d. Verord. v.d. Rijkscommissaris contra 23 van de 25 genoemde personen (met uitzondering van de N° 2 en 3 die als getuigen zijn gehoord."
(volgen de namen van de 4 getuigen)
"Alle 23 verdachten in verzekering gesteld. Verdachten K,G,W, en vO zijn voorgeleid voor de Officier van Justitie terwijl de overige verdachten op 6 maart 1941 in vrijheid zijn gesteld. Proces Verbaal N° 50a/1941 met verhoor van AvS." (22-jarige ongehuwde dienstbode)
"De verdachten (volgen 21 namen) zijn voor de hun ten laste gelegde feiten niet vervolgd. (Sepot geen bewijs) Verdachte JG is voor dit feit bij vonnis van de politierechter d.d. 12 september 1941 alhier veroordeeld tot 6 maanden gevangenisstraf. Verdachte WLW is voor dit feit bij vonnis van de politierechter te 's-Gravenhage veroordeeld op 12 september 1941 tot één maand gevangenisstraf, Hooger beroep veroordeeld."

nr.314, 20 februari 1941
"Anoniem wordt schriftelijk de aandacht gevestigd op chanteurs die zich bij

urinoirs ophouden en de bezoekers daarvan trachten geld af te persen. In het bijzonder wordt de aandacht gevestigd op een jongen vT''

nr. 302, 18 februari 1941
Een vader: "Verzoekt zijn zoon VvdB (29 jaar, loopjongen, wonende te Den Haag) te willen laten controleren aangezien hij den omgang zoekt met homo sexueelen."

nr. 430, 10 maart 1941
Mevrouw MJW, weduwe, wonende te Den Haag: "Verzoekt bemiddeling der politie om haar dochter JHW (22 jaar) die met tegennatuurlijke neigingen is behept en samenleeft met HCH (29 jaar) te bewegen haar slechte leven te laten varen."

nr. 1002, 27 mei 1941
"Door de agenten van Politie G. en V. werden in de binnenstad staande gehouden GWFvdS (39 jaar) en GWS (17 jaar). Beide liepen zoodanig met elkaar, dat aan homo-sexualiteit gedacht werd."

nr. 2141, 10 oktober 1941
"Mevrouw LCHK vestigt de aandacht op (volgen 7 namen). Zij verdenkt deze personen van homosexualiteit hoewel zij geen bewijzen heeft."

nr. 2374, 11 november 1941
"Rapport wordt opgemaakt omtrent HH (46 jaar, kapper, wonende te Den Haag), daar hij op 11 november 1941 in een tijdsverloop van 15 minuten de waterplaatsen op het Buitenhof en in de Haagpoort bezocht, resp. 3 en 4 minuten."

nr. 227, 11 februari 1942
"Dr. Maly van de Sicherheitspolizei vestigt de aandacht op A.N.R. (35 jaar, kok, wonende te Den Haag) die zich aan homo-sexualiteit schuldig zou maken."

nr. 657, 30 april 1942
J.G.S.: "Deelt mede, dat zij op 14-4-42 een kamertje heeft verhuurd aan GAB, 26 jaar. Achteraf bleek hij homo-sexueel te zijn. Daar B bezoek wilde ontvangen van een anderen homo-sexueel heeft zij hem de huur opgezegd." ("Rapport")

nr. 887, 10 juni 1942
"De Obersturmführer Eiden v/d Sich: Pol: Bezuidenhout 187 heeft medegedeeld, dat de navolgende personen uit de strafgevangenis te Bochum zijn ontslagen nadat zij ieder 2½ jaar gevangenisstraf aldaar hadden ondergaan t/z homosexualiteit. JV (42 jaar), CB (36 jaar), GJL (25 jaar)."

nr. 985, 30 juni 1942
"De Directeur v. h. Gewestelijk Arbeidsbureau te 'S-Gravenhage verzoekt te vernemen of ACvdN (37 jaar) bij dezen Dienst nog als homo-sexueel bekend staat." ("Rapport")

nr. 1339, 31 augustus 1942
"Bij rapport deelt agt v pol AM mede dat WJS (26 jaar, musicus) in vrouwenkleeren op straat liep."

nr. 1553, 3 oktober 1942
B: "Klaagt over het optreden van een rechercheur die soms in uniform gekleed, des avonds het publiek de toegang weigert tot de waterplaats in de Haagpoort alhier." ("Rapport")

nr. 1576, 7 oktober 1942
"Door den Untersturmführer v.d. Sicherheitspolizei Blaese worden aan dezen dienst ter beschikking gesteld: JdB (17 jaar), JvL (19 jaar) en LvdH (21 jaar, kleermaker), allen wonende te Rotterdam die door de Duitsche politie in bewaring waren gesteld als verdacht van een bomaanslag te R'dam gepleegd. dB en vdH zouden onderling ontucht hebben gepleegd." (Rapport ZP", 8 oktober alledrie weer naar Rotterdam)

nr. 1651, 19 oktober 1942
"De Procureur-Generaal bij het Gerechtshof alhier verzoekt een bedekt summier onderzoek naar een 4-tal mannen, genoemd in bijgevoegd schrijven, waarin die mannen als homo-sexueelen worden betiteld."

nr. 1909, 2 december 1942
"Aan het bur.v.pol Buitenhof wordt gebracht door den a.v.p. rech. A vanaf de Gedempte Oude Gracht alh. DAdC (16 jaar), die zich aldaar in vrouwenkleeren in een koffiehuis bevond."
("Geen strafbaar feit. Na verhoor ter beschikking gesteld van de ouders. Rapport")

nr. 1915, 2 december 1942
"MML (17 jaar, kantoorbediende) doet aangifte van afdreiging gepleegd op 2-12-42 te ± 20 uur door een hem onbekende man, met wien hij in de 1e Haagpoort alhier ontucht pleegde, door den stijven mannelijkheid van den man op diens verzoek in de hand te houden. Toen hij zulks had gedaan dreigde die man zijn handeling te zullen mededelen aan de politie en aan zijn moeder, indien hij hem geen geld gaf, alsmede zijn polshorloge."
("L is op 2.12.42 te 21.30 afgegeven aan zijn meerderjarige zuster")

nr. 52, 11 januari 1943
"De insp v pol G. deelt telef mede, dat hem is gebleken tijdens een onderzoek inzake brandstichting, dat PHD (32 jaar) (bijgenaamd 'Mies Oliebol') en PJEV (24 jaar, kapster) respectievelijk bi- en homosexueel zijn." ("Rapport")

nr. 81, 16 januari 1943
"De brig v pol LAN en de rech. v. Pol. JPJF hielden aan op 16-1-43 in perceel ... alhier CW (42 jaar, operazanger) die met een Duitsch militair homo-sexueele handelingen pleegde. Hij zou den mannelijkheid van den militair in de mond hebben genomen en hem op deze wijze hebben bevredigd." ("In bewaring voor de Sicherheits Polizei")

nr. 222, 9 februari 1943
"De ambtenaar v.d. Kinderwetten GMvD (Rotterdam) vestigt de aandacht op een perceel in de Wagenstraat alhier nummer onbekend, alwaar op 2e kerstdag 1942 een 40tal jongelui bij elkaar zijn geweest, door wie onderling homosexueele handelingen werden gepleegd." ("Rapport")

nr. 273, 26 februari 1943
"Mevr. PB-W te Amersfoort verzoekt haar man PB alhier na te laten gaan, daar hij homo-sexueel is." ("Rapport")

nr. 406, 19 maart 1943
"Staande gehouden als verdacht van homosexualiteit, (zij liepen gearmd in de Wagenstraat alh.) den homosexueel CG (22 jaar, boekhandelaar) en KMD (19 jaar, meubelmaker)." ("Rapport")

nr. 455, 25 maart 1943
"Insp. vdM v.d. Rijksrecherche Centrale stelt namens de Comm. v. Pol. W van dien dienst een tasch inhoudende naaktfoto's van mannen en eenige brieven met begeleidend schrijven afkomstig van de Sicherheitspolizei ter beschikking van dezen dienst. Uit dit schrijven blijkt, dat op 7 januari 1943 op vermoeden van homosexualiteit door de Duitsche Politie zijn gearresteerd: JWKvdV (24 jaar), JD (40 jaar) en HJS (22 jaar). Deze mannen zijn in de politiegevangenis te Scheveningen ingesloten. Aangezien men bij de Rijksrecherchecentrale meende dat de arrestatie van genoemde mannen verband hield met een clandestiene slachterij, werden de tasch met inhoud en bedoelde mannen pas ter beschikking gesteld van dezen dienst met verzoek om onderzoek en afdoening." ("Op 27-3-43 te 11 uur de 3 hierneven genoemde personen vanuit de Duitsche politiegevangenis naar dezen dienst gebracht en daarna gehoord. Aangezien geen strafbaar feit is kunnen blijken, zijn zij na verhoor in vrijheid gesteld op last van Insp. M, Rapport")

nr. 498, 3 april 1943
"Door de Sicherheitspolizei, Binnenhof 7 (officier van Dienst Berets) wordt de aandacht gevestigd op de homo-sexueelen, die de urinoir a/h Buitenhof bezoeken. De bekende homo's die zich in die urinoir ophouden of in de omgeving daarvan moeten naar de Sicherheitspolizei, Binnenhof 7 worden gebracht en daar worden afgegeven. Van iedere overbrenging moet een mutatie worden gemaakt in het journaal." ("Geheele personeel kennis nemen")

nr. 560, 14 april 1943
FJSG (18 jaar, kantoorbediende) deelt mede in de ondergrondsche urinoir aan het Buitenhof alh. te hebben aangehouden FAAW (32 jaar, firmant kunstnijverheid), die hem in genoemde urinoir over zijn kleeding heen aan zijn zitvlak zou hebben gevoeld. G. was in gezelschap van de a.v.p. B. en een onbekende a.v.pol. van de Gesloten Eenheid."
("W ontkent. Na verhoor heengezonden. Uit de verklaringen van G blijkt dat hij het feit uitlokte. Wordt nader onderzocht. Rapport")

nr. 1063, 2 september 1943
"Op 1 sept '43 te 14 uur 20 minuten staande gehouden CH (44 jaar, kantoorbediende) die tusschen 15 uur en 15 uur en 20 min: 1 maal de waterplaats aan de 1ste Haagpoort alhier bezocht. Hij verklaarde homo-sexueele neigingen te hebben en den waterplaatsen te bezoeken om in contact te komen met mannen."

nr. 1271, 18 october 1943
"De Sicherh: pol: geeft telef. kennis dat door de Sich: pol: is ingesloten o/d Pompstationsweg alhier CM (30 jaar). Hij is homosexueel maar men kan hem geen strafbaar feit ten laste leggen. Over enkele dagen wordt hij ontslagen en zal dan met een afschrift van het Duitse proc:verbaal ter beschikking van de Zedenpolitie worden gesteld, teneinde alhier te doen onderzoeken of hem nog eenig strafbaar feit ten laste kan worden gelegd." ("D.d. 25 Oct '43 werd namens de Befehlshaber der S.D. alhier overgegeven CHJM (30 jaar, kapper). Na te zijn gehoord is hij heengezonden. Rapport")

nr. 1376, 7 november 1943
"Naar aanleiding van een mededeeling dat in het perceel Obrechtstraat 207 alhier samenkomsten zouden worden gehouden van homo-sexueele mannen en vrouwen, is op Zaterdag 6 November 1943 te omstreeks 24 uur onder leiding van den inspecteur 1e klasse der Staatsrecherche HJT een inval gedaan in bedoeld perceel alwaar de navolgende personen werden aangetroffen." (volgen 48 namen, adressen, geboortedata en -plaatsen en beroepen)
("In genoemd perceel werd een gemaskerd of gecostumeerd bal gehouden en consumptie verstrekt. Hoofdbewoonster van het perceel Obrechtstraat 207 alhier is HM (58 jaar). WCdG, FMF., LGM, JTMG en JS zijn ter beschikking gesteld van de kinderpolitie. WJvD, TK en JH zijn ter beschikking hunner ouders gesteld. WCB is ter beschikking gesteld van de bestuurspolitie t/z vervalsching persoonsbewijs. De overigen zijn te 4 uur (op 7 november 1943) heengezonden Rapport ZP 84 n° 216 en 246-247. De persoon die dezen avond organiseerde zag kans door den tuin de vlucht te nemen. Hij is genaamd JMdG ((21 jaar, huisknecht))")

nr 1382, 9 november 1943
"De Befehlshaber der S.P. en S.D. (Horel) zendt stukken waaruit blijkt dat Dr. L., medewerker v/den perschef v/d 'N.S.B.' wonende ... ontucht zou hebben gepleegd met den Arbeitsdienstman R. won:? Verzoekt een diepgaand onderzoek in te stellen."

nr. 1574, 21 december 1943
"In een anoniem schrijven wordt medegedeeld dat Anna Wong naar een concentratiekamp te Amersfoort is overgebracht en dat Kriek en Marie in België zaken doen en binnenkort zeer rijk daar van terug komen. Naar Kriek wordt een onderzoek ingesteld. Apostille n° 21927/XV 8 dd 18-2-'43"
("Waarschijnlijk worden bedoeld de homosexueelen JMdG (21 jaar) en JdL (37 jaar).")

nr. 100, 21 januari 1944
Mej. GJH pensionhoudster Laan Copes van Cattenburgh deelt mede dat de pensiongast JGvdB, die 3½ jaar bij haar woont vermoedelijk tegennatuurlijke ontucht pleegt met GHB die daar tot 15 december 1943 ook woonachtig was. Tevens zou LvLS die eveneens bij haar woont vermoedelijk ontucht plegen met een 20-jarige jongen genaamd JvH. Voorts zouden bij genoemde heren op bezoek komen JR, A en RvS. (zie mutatie 385 op 9 april, hieronder)

nr. 170, 5 februari 1944
"Door KP ter beschikking: AMB (13 jaar) die sedert 8 mei 1943 bij HvS (33 jaar, kleermaker) inwoonde. Volgens B heeft VS vanaf ca. half mei geregeld ontucht met hem gepleegd."
(Proces-verbaal t/z art 247 contra VS 5 februari 1944 aangehouden, "8 februari op last van de Sicherheitspolizei overgebracht naar de Duitsche strafgevangenis. Hij bekent.")

nr. 232, 22 februari 1944
Proces-verbaal t/z art 239 contra een onbekende die een 17-jarige leerlingmeubelmaker op de Thorbeckelaan zijn schaamdelen vertoonde en vroeg ontucht te plegen "voor een broodbon en een kwartje".

nr. 385, 9 april 1944
Naar aanleiding van het gemuteerde in 100 is in het perceel Laan Copes van Cattenburgh een inval gedaan en werden aangetroffen: Evert H, huisknecht, Jan v.O, kok, Pieter M, winkelbediende, Paulus HV, pensionhouder, Henry FMvD, kleermaker, Maria HB, Gerardina JH, pensionhoudster en hoofdbewoonster, Maarten L, kellner en Geertje K. Een strafbaar feit werd niet geconstateerd. Evert H en Jan vO dansten samen, evenals Paulus HV met Henry vD. Er werd gedanst en volgens de verklaringen werd aldaar een verlovingsfeest gehouden.

nr. 507, 9 mei 1944
"Klink, ambtenaar van de Kinderwetten deelt mede, dat JV (18 jaar) homosexueel is en geregeld in café's komt waar homosexueelen samenkomen." ("Rapport")

nr. 924, 15 augustus 1944
2 mannen "deponeerden ieder een anonieme brief waarin wordt medegedeeld dat hun dochters respectievelijk WLL (32 jaar) en GB (29 jaar) homosexueel zouden zijn en ontucht zouden plegen in een café aan de Stille Veerkade alhier. Tevens wordt medegedeeld dat in dit café na sluitingstijd door mannen onderling ontucht wordt gepleegd." ("Rapport. Zie mut. J 44 n° 1052")

nr. 932, 18 augustus 1944
"MJK (55-jarige ongehuwde spraaklerares) klaagt over de plagerijen die zij ondervindt van WNEO, journalist, die in hetzelfde perceel op de 1e étage woont. O zou vermoedelijk homosexueel zijn." ("Rapport")

nr. 1002, 10 september 1944
Een 62-jarige vrouw en haar 30-jarige dochter "deelen mede dat zij gezien hebben dat hun kostganger genaamd D hedenmorgen ca. 10 uur met een ca. 24-jarige man in hun woning tegennatuurlijk ontucht pleegde."
("Proces-verbaal t/z art 81 v/d Verord.enz. contra HAMD ((38 jaar, kantoorbediende)) die d.d. 11-9-44 is aangehouden en na verhoor is heengezonden. Hij bekent. Hierover mededeeling gedaan aan den Chef van D voornoemd.")

nr. 1052, 10 october 1944
"Der Befehlshaber der Sicherh: Pol: und des S.D. tussenposten Den Haag 560/VV vestigt in een schrijven de aandacht op een café aan de A'damsche Veerkade, alwaar de op zedelijkheidsgebied niet gunstig bekendstaande mej. B als buffetjuffrouw werkzaam is." ("Rapport. Zie ook mut. J 44 n° 924")

NOTEN

1. Inleiding

1. Naast de minder plausibele verklaring zoals in het *Woordenboek der Nederlandsche Taal* (WNT 1920) geef ik de voorkeur aan de verklaring zoals in het *Bargoenswoordenboek* onder redactie van E. Endt, Amsterdam, 1974.
2. Ilse Kokula, 'Interview mit Grete'. In: *Unsere kleine Zeitung*, Jahrgang 6, nummer 1 (Januar 1981) p. 24-30, en *Lesben in der Nazi-Zeit. Lesben Ja!* Deckendorf, 1980 p. 25-33.

2. Historisch overzicht

1. Numa Praetorius, 'Die strafrechtlichen Bestimmungen gegen den gleichgeschlechtlichen Verkehr historisch und kritisch dargestellt'. In: *Jahrbuch für sexuellen Zwischenstufen*, Band I, Leipzig, 1899, p. 104.
2. Tacitus, *Germania*, 12e hoofdstuk. In: P. Gerbenzon en N.E. Algra, *Voortgang des Rechtes*. Groningen, 1969, p. 37.
3. Idem p. 114 en 115.
4. Ook wel 'ergi' in het Oudnoors. Zie Thorkil Vanggaard, *Phallus, symbool door alle tijden*. Amsterdam, 1971, p. 73.
5. Gisela Bleibtreu-Ehrenberg, 'Anti-homosexuelle Strafgesetze. Zur Biographie eines Vorurteils'. In: *Seminar: Gesellschaft und Homosexualität*, R. Lautmann (ed.). Frankfurt am Main, 1977, p. 70.
6. Martin Larsen, *Den aeldre Edda*, Kopenhagen, 1943, 1, p. 235.
7. Thorkil Vanggaard, o.c. p. 73.
8. *Homosexuality, Intolerance and Christianity: A Critical examination of John Boswell's Work*. New York, 1981. Hierin op p. 1-7 het artikel van Warren Johansson.
9. Citaat van Bijler, verwerkt door L.S.A.M. von Römer, in 'Der Uranismus in den Niederlanden bis zum 19. Jahrhundert mit besonderer Berücksichtigung der grossen Uranierverfolgung im Jahre 1730.' In: *Jahrburch für sexuelle Zwischenstufen* VIII. Leipzig, 1906, p. 458 e.v.
10. Zie Numa Praetorius, o.c. p. 105, en Gisela Bleibtreu-Ehrenberg, o.c. p. 184 e.v.
11. Lex Scatinia en Lex Julia de adulterio. Geciteerd door Wilhelm Rein in *Das Kriminalrecht der Römer, von Romulus bis auf Justinian*. Leipzig, 1844, p. 863.

12. Cicero, *Pro Milone* 28;55.
13. Delicatus door Cicero en Seneca. Zie 'Romeinse delicatessen', door Harmjan van Dam. In: *Groniek*, 12e jaargang nr 6, januari 1980. Themanummer: Homoseksualiteit en geschiedenis. Groningen.
    Mollis, zie 'Sex en Eros bij Martialis', door Wim Hottentot. In: *Homologie* 3e jaargang nr 2, december 1980, Amsterdam.
14. Codex Theodosianus, Liber IX,7,3.
15. Idem IX,7,6.
16. John Boswell, *Christianity, social tolerance and homosexuality. Gay people in Western Europe from the beginning of the Christian era to the fourteenth century*. Chicago and London, 1980, p. 333. Voor een gedegen kritiek op Boswell zie: *Homosexuality, Intolerance and Christianity*, o.c.
17. Leviticus 18:22: 'En gij moogt niet bij een manspersoon liggen zoals gij bij een vrouw ligt. Het is een gruwel.'
    Leviticus 20:13: 'En zij dienen zonder mankeren ter dood gebracht te worden. Hun eigen bloed is op hen.'
    Verder: Deuteronomium 23:17-18, Koningen 14:24, 15:12, 22:46, 2 Koningen 23:7, Job 36:14, 1 Mozes 19:1-11, Rechters 19:14-30, Romeinen 1:26-27, 1 Korinthiërs 6:9-10, 1 Timoteüs 1:8-11.
18. H.J. Kuster, *Over homoseksualiteit in Middeleeuws West-Europa*. Proefschrift Utrecht, 1977, p. 73 e.v.
19. Justinianus, *Novelle 77*.
20. H.J. Kuster, o.c. p. 77.
21. J. Boswell, o.c. p. 334.
22. Respectievelijk Sodomia perfecta, sodomia imperfecta (een vorm van geboortenbeperking) en sodomia bestialitas.
23. H.J. Kuster, o.c. p. 80; J. Boswell, o.c. p. 334 en D. Berents, 'Homoseksualiteit en criminaliteit in de middeleeuwen'. In: *Groniek*, o.c. p. 10.
24. H.J. Kuster o.c. p. 80. 'Het vijftiende artikel van het achtste boek van het Stadboek van Groningen uit 1425 luidt: "De bevaren worden, dat se doe doen peccatum mutum vel sodomiticum, dat hetet stomme sunden (ende des vertughet worden mitten duft, daer dat ynne gheseen is) de sol men bernen toe pulver."'
25. Een duidelijk voorbeeld is het Utrechtse proces in 1440 tegen Gilles de Rais. In: D. Berents, o.c. p. 12.
26. J.F. van Slobbe, 'Zedenmisdrijven voorheen en thans. Strafbepalingen, frequentie'. In: *Tijdschrift voor Strafrecht*, onder redactie van B.M. Taverne, W.P.J. Pompe, J. Simons van der Aa en L.M. van Bemmelen. Deel LI, Leiden, 1941/1942.
27. O.a. L. Boon, in *Groniek* o.c. p. 14-17 en in *Holland, Regionaal-historisch tijdschrift*, 8e jaargang nr 3, juni 1976. Themanummer Strafrecht en criminaliteit in de 18e eeuw. p. 140-152.
    A.H. Huusen jr., 'Gerechtelijke vervolging van sodomie gedurende de 18e eeuw in de Republiek, in het bijzonder in Friesland'. In: *Groniek*, o.c. p. 18-33.
    J.J. Ovezall, 'Over het sociale aspect van de homosexualiteit in de achttiende eeuw in Nederland'. In: *Nederlands Tijdschrift voor de psychologie en haar grensgebieden*. 1953.

28. L. Boon, 'Het jaar waarin elke jongen een meisje nam. De sodomietenvervolgingen in Holland in 1730'. In: *Groniek*, o.c. p. 16.
29. W. Abel, *Agrarkrisen und Agrarkonjunktur*. Hamburg und Berlin, 1966, p. 169-170 en 286-287. Bovendien blijkt uit het Placcaat van 21 juli 1730 (afgedrukt H. Lewandowski, *Beschavings- en zedengeschiedenis van Nederland*, Amsterdam, 1933 tegenover p. 260) dat men angst had dat het door de sodomieten met de economie slechter zou gaan, niet dat het ook werkelijk al slechter ging.
30. A.H. Huussen jr. o.c. p. 19.
31. Idem p. 22: 'wordende door 't woord nighten, in de depositie van Jurien Hansen gemeldt, verstaen soodanige personen welke onder haer geselschap behoorden en met malkanderen de bekende vuyligheden kwamen te bedrijven.'
    J.J. Ovezall o.c. p. 332 en L. Boon, in *Holland*, o.c. p. 144: 'Bij de Heeren loopen' over rijkere heren die via een soort bemiddelingsbureau knechten konden huren.
32. A. Visser, *Rudolf de Mepsche. Het monsterproces van Faan*. Rotterdam, Zie ook L. Boon in: *Holland*, o.c. p. 140 e.v. en J.J. Ovezall, o.c. p. 324.
33. J.J. Ovezall, o.c. p. 315-317. Van de hand van Th. van der Meer verscheen november 1983 in Amsterdam de bijvakscriptie *De wesentlijke sonde van sodomie en andere vuyligheeden: sodomietenvervolgingen in Amsterdam tussen Placcaat en Code Penal, 1730—1811*.
34. H. Lewandowski en P.J. van Dranen, *Beschavings- en zedengeschiedenis van Nederland*. Amsterdam, 1933, p. 268.
35. J.J. Ovezall, o.c. p. 339.
36. J.F. van Slobbe, o.c.
37. Idem.
38. M. Salden, 'Artikel 248bis WvS'. In: *Groniek*, o.c. p. 41.
39. G. Hekma, 'Homoseksualiteit: van zonde tot geaardheid'. In: *Spiegel Historiael*, 15e jaargang nr 9, september 1980, p. 486.
40. C. van Emde Boas, 'De homoseksuele mens in de seksuologische praktijk. De geschiedenis van een medische bekering'. In: *Huisarts en praktijk*, nr 4, oktober 1980. Themanummer Homoseksualiteit, p. 17.
41. Schoondermark was lid van de Neo-Malthusiaanse Bond, voorloper van de Nederlandse Vereniging voor Seksuele Hervorming NVSH.
42. L. Wigersma, in *Huisarts en praktijk*, o.c. en G. Hekma, o.c. p. 490.
43. H. Lewandowski en P.J. van Dranen, o.c. p. 273.
44. Bijgesloten werd de brochure *Wat iedereen behoort te weten omtrent Uranisme*.

3. De twintiger en dertiger jaren

1. *Jaarverslag Nederlandsch Wetenschappelijk Humanitair Komitee*, 1920.
2. *De Telegraaf*, Vrijdag 12 maart 1920, avondblad p. 6. Idem Zaterdag 13 maart 1920, avondblad p. 6.
   Het Vaderland, Vrijdag 12 maart 1920, avondblad p. 2, idem Zaterdag 13 maart 1920, avondblad p. 2.

3. *De Maasbode*, Vrijdag 12 maart 1920, avondblad p. 2, idem Zaterdag 13 maart 1920, avondblad p. 1.
4. L. Drukker, *De sexueele criminaliteit in Nederland 1911—1930. Een crimineel-sociologische studie*. 's-Gravenhage, 1937, p. 121.
5. 248bis werd toegepast wanneer sprake was van seksueel verkeer van een meerderjarige met een persoon van hetzelfde geslacht tussen 16 en 21 jaar. Voor de jaren 1944 en 1945 zijn geen cijfers beschikbaar.
L. Drukker, o.c. p. 7, geeft in zijn tabel 'sexueele delicten in Nederland' waarin hij schrijft zich te baseren op cijfers van het Centraal Bureau voor de Statistiek een afwijkende reeks:

1911 - 5 (+3)	1916 -22 (+11)	1921 -42 (-8)	1926 -48 (-17)
1912 -10 (+3)	1917 -15 (- 7)	1922 -48 (-4)	1927 -50 (-10)
1913 -15 (+4)	1918 -23 (+14)	1923 -54 (-7)	1928 -52 (- 8)
1914 -17 (+4)	1919 -31 (-21)	1924 -63 (-4)	1929 -54 (-12)
1915 -15 (—)	1920 -40 (- 8)	1925 -71 (-6)	1930 -50 (- 3)

6. *De zaak Wijsman*, brochure, z.p., z.j.
7. Zie over de 'zaak Ries': A.H. van der Heide, *De zaak tegen Mr. L.A. Ries.* Den Haag, 1936; *Nota van Mr. H.J. Bouman betreffende de vervolging van Thesaurier-Generaal Mr. L.A. Ries.* Zwolle, 1936; *Tweede nota van Mr. H.J. Bouman betreffende de verdere behandeling van de Oud-Thesaurier-Generaal Mr. L.A. Ries*. Zwolle, 1937.
8. *Het Haagsche Zedenschandaal. Nadere bijzonderheden betreffende bepaalde 'vriendenkringen' in de residentie. Een waarschuwing aan ouders en opvoeders*. 2e druk. Den Haag 1936. Zie verder over de zaak François van 't Sant bij L. de Jong, *Het Koninkrijk der Nederlanden in de Tweede Wereldoorlog*, deel 9.
9. Nederlandsche jurisprudentie 1936: 444.
10. B.Th.J. de Jongh, *Wat de Indische zedenmisdrijven ons te zeggen hebben*. Amsterdam, 1939. De publikatie van een studie over dit onderwerp door G. Kerkhof is in voorbereiding.
11. Vraaggesprek 7.
12. *Nederland Waakzaam*, 23-7-38 p. 4, kolom 3.
13. P. Luykx, *De Actie 'voor God' 1936—1941. Een katholieke elite in het offensief*. Nijmegen, 1978 p. 298.
14. *De RK Staatspartij, maandblad ter voorlichting van de leden en de organen der partij*, 7 (1938) 30 juni, p. 136-138. Geciteerd door P. Luykx, 'De veranderende houding van de Nederlandse katholieken inzake homoseksualiteit 1930—1980', in: *Groniek*, o.c. p. 71.
15 H. Bless, *Pastorale psychiatrie*. Met een inleiding van G. Janssens (geneesheer dir. van psychiatrische inrichting 'Voorburg' te Vught) Roermond-Maaseik, 1935, p. 226.
16. Idem, p. 228.
17. E. Michel, *Anti-homo. Een geschrift tegen de weekdieren onzer samenleving*. Amsterdam, 1929.
18. Vraaggesprek 15.
19. E. Michel, o.c. p. 7.

20. *Dux* nr 16, 1936, p. 227.
21. H. Lewandowski en P.J. van Dranen, o.c. p. 268.
22. J.A.J. Barnhoorn, J.B. Kors, H.F. de Vries, *Het vraagstuk der homosexualiteit. Beschouwingen. Samengesteld vanwege de R.K. Artsenvereniging, naar aanleiding van het congres 1939 te Nijmegen.* Roermond-Maaseik, 1941.
23. 7 augustus 1942; *Maandverslag van de Hoofdcommissaris van Politie van Amsterdam.*
24. In: *Maandblad van de Bond van Hoogere Politieambtenaren in Nederland*, april-juni 1937, het slot van deze serie artikelen.
25. *Crimineele Statistiek*, uitgave van het Centraal Bureau voor Statistiek.
26. J.A.J. Barnhoorn, o.c. p. 17.
27. Idem p. 26.
28. Idem p. 58.
29. F.S. Meyers schreef: *Mijn ervaringen betreffende zedenmisdadigers.* Lezing voor het Psychiatrisch Juridisch Gezelschap, 11 december 1937. Amsterdam n° 16 (lezing uitgegeven Amsterdam, 1938).
30. J.A. Barnhoorn, o.c. p. 161.
31. J.M. van Bemmelen, *Voor- en nadelen van een wettelijke regeling der sterilisatie en castratie.* 25 maart 1933, Rotterdam. Lezing voor het Psychiatrisch Juridisch Gezelschap, nr 7, p. 33.
32. H. van Ooyen, in: *Wending.* Augustus 1948, 3e jaargang nr 6, over 'Sexualiteit', p. 349.
33. B.J. Stokvis, 'Over Castratie in Duitsland'. In: *Nederlands Juristenblad* nr 13, 30 maart 1934, p. 198-199.
34. W.J.A. Schouten, 'Mutatietheorie en samenleving'. In: *Horizon, Gereformeerd Apologetisch Thetisch Tijdschrift*, februari 1935, 1e jaargang nr 5, p. 134-141.
35. J.M. van Bemmelen, o.c. p. 40.
36. E.A.D.E. Carp, *De psychopathieën (inclusief de psychotische ontwikkelingsvormen op psychopatische grondslag).* Amsterdam, 1934. 1e druk, p. 500.
37. Idem, 2e druk 486 e.v. en 3e druk 508 e.v.
38. L. Wigersma, o.c. p. 24.
39. A. Forel, *Het sexueele vraagstuk*, Amsterdam, 1917, (Nederlandse bewerking door R.A. Oosterhout), p. 270 en 594.
40. H. Lewandowski en P.J. van Dranen, o.c. p. 271.
41. B.J. Stokvis, *De homosexueelen. 35 autobiographieën verzameld en ingeleid door B.J. Stokvis.* Lochem 1939. Deel I in de serie Menschenleed.
42. Idem, p. 29 noot 40.
43. J.M. van Bemmelen, in: *Nederlandsch Juristenblad (Tevens orgaan der Nederlandsche Juristenvereeniging. Weekblad behoorende bij de Nederlandsche jurisprudentie)*, 14e jaargang Zwolle, 2 september 1939, p. 638.
44. H. Branderhorst, 'De man die het woord homofilie uitvond'. In: *Dialoog*, 1966 nr 5, p. 236.
45. Vraaggesprek R. Tielman met J. van Leeuwen, 27 maart 1976.
46. Vraaggesprek R. Tielman met T. Rot, 26 februari 1976.
47. Vraaggesprekken 14 en 18.

48. *Seq*, 3e jaargang nr 9, 15 september 1973, p. 3.
49. 'R. Tielman, Schorer en het NWHK'. In: *Homojaarboek*, Amsterdam, 1981.
50. H.Y. Groenewegen, *Het donkere vraagstuk der sexueele ethiek*. Leiden, 1923; Commutator (pseudoniem van A.J. Luikinga), *Homosexualiteit*. Amsterdam, 1927.
51. M. Hirschfeld, *Die Homosexualität des Mannes und des Weibes*, 1914.
52. Numa Praetorius in: *Jahresschrift für sexuellc Zwischenstufen*, 1903
53. Strijder voor Recht (pseudoniem voor W. Roos), *De uitdrijving van de gelijkgeslachtigen uit de 'Nieuwe Doelen' in Den Haag*. z.p., z.j. (1919)
54. M.J.J. Exler, *Levensleed. Een psychologische roman. Een boek voor ouders. Met een inleiding van Dr. Magnus Hirschfeld*. 's-Gravenhage, 1911.
55. J.A. Schorer, 6 maart 1932.
56. Vraaggesprek 19.
57. Vraaggesprek 15.
58. Vraaggesprek 11.
59. Idem.
60. Vraaggesprek 1.
61. Vraaggesprekken 18 en 19.

4. Duitsland

1. H. Been, *Paragraph 175 des Reichsstrafgesetzbuches. Juristische Abhandlung über die homosexuelle Frage*. Strassburg i.E. und Leipzig, 1912, p. 22.
2. J. Steakley, lezing 29 juni 1981 voor de N.V.I.H.-COC Amsterdam en H.G. Stümke und R. Finkler, *Rosa Winkel, Rosa Listen. Homosexuelle und 'Gesundes Volksempfinden' von Auschwitz bis heute*. Hamburg, 1981, p. 18.
3. H. Blüher, *Die deutsche Wandervogelbewegung als erotisches Phänomen*. Berlin, 1912.
4. W.H. Eissler, *Arbeiterparteien und Homosexuellenfrage*, Berlin, 1980, p. 35.
5. J. Steakley, o.c.
6. L. de Jong, o.c. deel 1, p. 141. Volgens Schorer waren er wel moeilijkheden maar werd de film nooit verboden. Zie *Jaarverslag NWHK* 1920.
7. H.G. Stümke, o.c. p. 163.
8. P.H. Biederich, *Homosexualität*. (Verlag für Sexuelliteratur, Regensburg) Wien, 1935. Geciteerd door A. Venema, 'De vervolging van de homoseksuelen door de nazi's'. In: *Seq*, 2e jaargang nr 3, april-mei 1970, p. 4.
9. R. Lautmann, *Seminar, Gesellschaft und Homosexualität*. Frankfurt am Main, 1977, p. 302.
10. H. Ellis, *Sexueele inversie, de psychologie der sexen*. Baarn, 1923, p. 177.
11. H. van den Boogaard-Schellekens, 'De phallische staat. Homo's in nazi-Duitsland'. In: *Groniek*, o.c. p. 76-80.
    K. Theweleit, *Männerphantasien*. Frankfurt am Main, 1978.
12. H. Himmler, *Geheimreden 1933—1945 und andere Aussprachen*. Hg. B.F. Smith und A.F. Peterson. Frankfurt am Main, 1974, p. 94 en 99.

13. J. Rogier, Lezing 11 december 1978 op Historisch Seminarium in Amsterdam, Universiteit van Amsterdam.
14. R. Lautmann, o.c. p. 308-309.
15. H.G. Stümke, o.c. p. 96.
16. H.P. Bleuel, *Een staat van fatsoen*. Baarn, 1972, p. 108-114.
17. R. Lautmann, o.c. p. 309. Citeert R. Diels (ex-Gestapochef:) *Luzifer ante portas*. Stuttgart, 1950, p. 129.
18. H.G. Stümke, o.c. p. 27. De naam *Menschenrecht* stond model voor het Nederlandse blad *Levensrecht*.
19. L. de Jong, o.c. deel 1, p. 383-387.
20. H.G. Stümke, o.c. p. 112 en 162. Heruitgave *Braunbuch* door Röder Verlag.
21. *Braunbuch über Reichstagbrand und Hitlerterror*. Vorwort von Lord Marley. Basel, z.j. (1933) p. 188.
22. H. Wilde, *Das Schicksal der Verfemten. Die Verfolgung der Homosexuellen im Dritten Reich und ihre Stellung in der heutigen Gesellschaft*. Tübingen, 1969, p. 12: 'Diese mit moralistischer Entrüstung über die Verworfenheit Röhms garnierten Beschuldigungen bedeuteten eine völlige Umkehrung der bisherigen kommunistischen Haltung.'
Over de Röhm-affaire ook in W.H. Eissler, *Arbeiterparteien und Homosexuellenfrage*. Berlin, 1980, p. 106-114.
23. H. van den Boogaard-Schellekens, o.c. p. 80.
24. W. Reich, *De seksuele revolutie*. Amsterdam, 1974, p. 144. Geciteerd door H. van den Boogaard-Schellekens, o.c. p. 80.
25. K. Marx en F. Engels, *Werke*. Band 21, Berlin, 1972, p. 67.
26. *Witboek over de Duitse Bartholomeusnacht. De Rijksdagbrand opgelost!* Met een voorwoord van Mr. Georg Branting, lid van de Zweedse Rijksdag. Vertaling van P. Voogd e.a. Amsterdam, 1935, p. 146.
27. H.G. Stümke, o.c. p. 193.
28. R. Lautmann, o.c. p. 317-318.
29. H.G. Stümke, o.c. p. 216.
30. R. Lautmann, o.c. p. 320.
31. H.G. Stümke, o.c. p. 234.
32. R. Lautmann, o.c. p. 328.
33. H.G. Stümke, o.c. p. 505.
34. R. Lautmann, o.c. p. 317.
35. H. Wilde, o.c. p. 36. Hij citeert P.H. Biedrich, *Homosexualität*. Regensburg, 1951, p. 43. Deze versie is praktisch gelijk aan die in *Dialoog, Informatiebulletin*, 3e jaargang nr 3, 1970, p. 390 door J. Rogier.
A. Venema, o.c. p. 11 geeft een vrij slordige versie, en stelt de rede beurtelings op 11 november en 10 oktober. Rogier geeft kritiek op Venema in *Vrij Nederland*, 6 juni 1970.
36. R. Lautmann, o.c. p. 323 en 329.
37. H.G. Stümke, o.c. p. 213.
38. R. Lautmann, o.c. p. 329.
39. Idem, p. 323-324.
40. Idem, p. 334.
41. Idem, p. 339. Zie voor de positie van homoseksuelen in de kampen en hun

kansen ook Eugen Kogon, *Der SS Staat, das System der deutschen Konzentrationslager*. Frankfurt am Main, 1946, p. 263.
42. Zie ook voorwoord van het *Witboek*, o.c.
43. Nico Wijnen, namens de Stichting Vriendenkring van Oud-Natzweilers, 4 december 1980.
44. E. Kogon, o.c. p. 263.
45. Mededelingen van J. Wildschut, ex-concentratiekampgevangene/Jehova's getuige 30 november 1980 en Mevr. E. Furth, namens het Nederlandsch Auschwitz Comité 19 november 1980; E. Kogon, o.c. p. 267.
46. R. Lautmann, o.c. p. 347.
47. J.D. Steakley, *The homosexual Emancipation Movement in Germany*. New York, 1975, p. 106, citeert uit het blad *Gay Liberator* nr 41 van november 1974 waarin 'The Protestant Church of Austria' wordt geciteerd.
48. H.G. Stümke, o.c. p. 262-263. Als bron is gebruikt voor de jaren 1933–1939, J. Baumann, *Paragraph 175*. Berlin-Neuwied, 1968 en voor de jaren 1940–1944, *Statistisches Reichsamt*, 1944.
49. E. Kogon, o.c. p. 49-50.

5. Homoseksueel in bezettingstijd

1. Wutse, *Sluipend gif*. Den Haag, 1937.
2. W.F. Wessels, *Wie is Mussert. Onder dezen man heeft Nederland geen toekomst meer*. Utrecht, 1937.
3. *Kort en Bondig, Agendablad van Kring Semarang der NSB* nr 6: 'Homosexualiteit gezien door een volkschen bril'. Geciteerd door B.Th.J. de Jong, in: *Wat de Indische zedenmisdrijven ons te zeggen hebben*. Amsterdam, 1939.
4. H. Blüher, *Die Deutsche Wandervogelbewegung als erotisches Phänomen*. Berlin, 1912.
5. *Vrede, Maandblad. Orgaan van de Stichting Vredes Studie Bureau*, juli-augustus 1938, 11e jaargang nr 7/8. (Onder redactie van W.L. van Warmelo, oud-kapitein der artillerie) p. 106, 'De rol der homo-sexualiteit in de nationalismen', door J. Pront.
6. *Jaarverslag NWHK 1935*, p. 4, p. 51; Idem, 1936, p. 14.
7. Albert Kuyle, katholiek fascist, schreef o.a. in *Vrijdag (Weekblad, uitgegeven door Katholieke Jongeren)* (in: *Vrijdag* 1 nr 15).
8. *De Nieuwe Gemeenschap*, jaargang 11 nr 2, februari 1935, p. 117: Ad. Sassen, 'Lob der lächerlichen Affen'.
9. Vraaggesprek 14.
10. Vraaggesprek 18.
11. Vraaggesprek R. Tielman met J. van Leeuwen, 27 maart 1976.
12. Vraaggesprek 15.
13. *Verordnungsblatt für die besetzte niederländische Gebiete*. Stück 16, Verordnung 81, 3 augustus 1940.
14. J.A. Schorer, *Gelijkheid van recht, ook hier!* 's-Graveland, z.j. (1946), p. 5.
15. Vraaggesprekken 15 en 4.

16. Vraaggesprek 22.
17. Vraaggesprek 4.
18. Vraaggesprek 23.
19. Vraaggesprek 19.
20. J. Hoving, *Levensherinneringen van een vrijdenker*. Amsterdam, 1938, p. 451.
21. Vraaggesprekken 6 en 22.
22. Vraaggesprek 12.
23. Vraaggesprekken 12, 21 en 23.
24. Vraaggesprek 15.
25. Vraaggesprek 16.
26. Vraaggesprek 10.
27. Vraaggesprek 17.
28. Vraaggesprek 2.
29. J.A.J. Barnhoorn, o.c. p. 14.
30. L. Drukker, o.c. p. 121.
31. Belangrijkste bronnen vraaggesprekken 4, 7 en 14.
32. Vraaggesprek 9 en J. Harten, *Operatie Montycoat*. Amsterdam, 1964, p. 100.
33. Vraaggesprek 19.
34. Vraaggesprek 13.
35. Vraaggesprek 11.
36. Vraaggesprek 12.
37. Vraaggesprek 4.
38. J.A.J. Barnhoorn, o.c. p. 6.
39. B.M. Taverne, Boekbespreking in: *Tijdschrift voor Strafrecht*, deel LI, Leiden 1941, p. 39-41.
40. *Maandblad voor Berechting en Reclassering*. Amsterdam, 23e jaargang 1944.
41. E.A.D.E. Carp, o.c. 1e druk p. 7, 2e druk p. 7, 3e druk p. 15.
42. Idem, respectievelijk p. 76, 27 en 45.
43. Idem, respectievelijk p. 526, 476 en 489.
44. *De Politiebode, Orgaan van den Algem. Bond van Politiepersoneel in Nederland*. Amsterdam, jaargang 1923, nrs. 11, 12, 14, 16-21, 23 en 35.
45. Vraaggesprek 24.
46. Vraaggesprek 33.
47. 'Justitiedossier, Zwartboek over de houding van de Nederlandse overheid tegenover homoseksualiteit en het COC.' In: *Dialoogreeks*, 1e jaargang nr 1, oktober 1972, p. 3.
48. *De Politiebode*, o.c. nr 23.

6. Vervolging

1. Archief Bijzondere Rechtspleging. Brief van het Ministerie van Justitie aan L. de Jong d.d. 8 september 1975 en brief van A.J. van der Leeuw aan R. Tielman d.d. 16 oktober 1975.

2. *Meldingsrapporten van de Amsterdamse Zedenpolitie*, Gemeentelijke Archiefdienst Amsterdam.
3. *Maandverslagen van de Hoofdcommissaris van Politie van Amsterdam, Politioneel Rapport*. Gemeentelijke Archiefdienst Amsterdam Inv. V 22-I.
4. *Jaarverslagen* en *Dienstverslagen. Dienstverslag der Politie. Verslagen en Correspondentie Hoofdcommissaris van Politie*. Gemeentelijke Archiefdienst Amsterdam, Inv. V 22-Ia.
5. J. Recourt, 'Verslag van de lezing van dr. H.F. Fleischer, directeur van de Gemeentelijken Geneeskundigen Dienst te 's-Gravenhage voor de Vereeniging van Hooger Politie Personeel'. In: *Algemeen Nederlandsch Politieweekblad*, Hilversum, 10e jaargang 1925, p. 139.
6. Vraaggesprekken 23 en 33.
7. Vraaggesprek 23.
8. L. de Jong, o.c. deel 4, p. 89.
9. Geciteerd door J. Rogier in: *Dialoog*, 1966, nr 5, p. 200.
10. Vraaggesprek 33.
11. Idem.
12. *Storm, Weekblad van de Nederlandsche SS*, 3 december 1943.
13. L. de jong, o.c. deel 4, p. 89.
14. Vraaggesprek 2.
15. Vraaggesprek 36.
16. Vraaggesprek 8.
17. Vraaggesprek 11.
18. Vraaggesprek 7.
19. Vraaggesprek 35.
20. Vraaggesprek 10.
21. *Journaal* nr 517, 11 mei 1944.
22. Vraaggesprek 34.
23. Vraaggesprek 32.
24. J. Wildschut, brief 30 oktober 1980.
25. N. Wijnen, brief 4 december 1980.
26. E. Furth, brief 19 november 1980.
27. N. Wijnen, brief 21 januari 1981.
28. Idem, 4 december 1980.
29. Vraaggesprek T. Rot met R. Tielman, 26 februari 1976.
30. L. de Jong, o.c. deel 6, p. 699.
31. Idem, p. 681.
32. Idem, p. 693.
33. Idem, p. 686.
34. *Seq, blad van de Nederlandse Vereniging van Homofielen COC*, 2e jaargang nr 8, (december 1970), p. 15 en 18.
35. Vraaggesprek 2.
36. Idem, en vraaggesprek 8.
37. Idem.
38. Vraaggesprek 1.
39. Vraaggesprek 24.
40. Vraaggesprek 1.
41. Vraaggesprek 25.

42. Vraaggesprek 6.
43. Vraaggesprek 19.
44. Vraaggesprek 12.
45. *Meldingsrapporten*, o.c. 29 december 1942.
46. Vraaggesprek 20.
47. L. de Jong, o.c. deel 6, p. 391-392.

7. Vrij?

1. Vraaggesprek 19 en J. Harten, o.c. p. 100.
2. Justitiedossier, o.c. p. 11.
3. Zie ook *Maandverslag* o.c. december 1945.
4. M. Banens, 'De eerste jaren van het COC'. In: *Homojaarboek I*, Amsterdam, 1981.
5. H. Branderhorst, in: *Dialoog*, o.c. p. 236.
6. F.J. Tolsma, *Homosexualiteit en homo-erotiek*. 's-Gravenhage, 1948 (1e druk), en 1964 (3e herziene druk).
7. A.C. Kinsey, *Sexual Behavior in the human male*. Philadelphia, 1948.

8. Korte nabeschouwing

1. R. Walther Darré, *Nieuwe Adel uit Bloed en Bodem*. 's-Gravenhage, 1943 (oorspronkelijke titel: *Neuadel aus Blut und Boden*. München, 1942. Walther Darré was toen Rijksminister voor Voedselvoorziening en landbouw).
2. *Vriendschap*, o.c. 10e jaargang, juni 1955, p. 269.
3. Vraaggesprek T. Rot met R. Tielman, 26 februari 1976.

BRONNEN EN LITERATUUR

Abel, W., *Agrarkrisen und Agrarkonjunktur*. Hamburg und Berlin, 1966.
Bargoenswoordenboek (red. E. Endt). Amsterdam, 1974.
Barnhoorn, J.A.J., J.B. Kors, H.F. de Vries, *Het vraagstuk der homosexualiteit. Beschouwingen, samengevoegd vanwege de R.K. Artsenvereniging naar aanleiding van het congres 1939 te Nijmegen*. Roermond-Maaseik, 1941.
Been, H., *Paragraph 175 des Reichsstrafgesetzbuches. Juristische Abhandlung über die homosexuelle Frage*. Strassburg i.E. und Leipzig, 1912.
Bemmelen, J.M. van, *Voor- en nadelen van een wettelijke regeling der sterilisatie en castratie. Lezing voor het Psychiatrisch Juridisch Gezelschap 25 maart 1933, nr. 7*. Rotterdam, 1933.
Bless, H., *Pastorale psychiatrie*. Roermond-Maaseik, 1935.
Bleuel, H.P., *Een staat van fatsoen*. (Oorspronkelijke titel: *Das sauberes Reich*) Baarn, 1972.
Boogaard-Schellekens, H. van den, *De ideologie van de nazi's en homoseksualiteit. Lezing op het congres: 'Homoseksualiteit en geschiedenis'*. Utrecht, 15 maart 1980.
Boon, L.J., 'De grote sodomietenvervolgingen in het gewest Holland, 1730—1731'. In: *Holland, regionaal-historisch tijdschrift*, 1976, 8e jaargang nr 3, p. 140-152.
Boswell, J., *Christianity, Social Tolerance and Homosexuality. Gay people in Western Europe from the beginnings of Christian Era to the fourteenth century*. Chicago and London, 1980.
Bouman, H.J., *Nota van H.J. Bouman betreffende de vervolging van de Thesaurier-Generaal Mr. L.A. Ries*. Zwolle, 1936.
Bouman, H.J., *Tweede nota van Mr. H.J. Bouman betreffende de verdere behandeling van den Oud-Thesaurier-Generaal Mr. L.A. Ries*. Zwolle, 1937.
Branderhorst, H., N. Engelschman, 'Een complex van redenen'. In: *Dialoog*, 1966, nr. 5, p. 210-215.
Branderhorst, H., 'De man die het woord homofilie uitvond'. In: *Dialoog*, 1966, nr 5, p. 235-238.
Braunbuch über Reichstagbrand und Hitler-Terror. Vorwort von

Lord Marley. Basel, z.j. (1933). (In een Nederlandse vertaling: *Bruinboek van de Hitler-terreur en den Rijksdagbrand. Met een voorrede van prof. dr. G.W. Kernkamp*. Amsterdam, 1933.)

Carp, E.A.D.E., *De psychopathieën (inclusief de psychotische ontwikkelingsvormen op psychopatischen grondslag)*. Amsterdam, 1934^1, 1941^2, 1948^3.

Commutator (ps. voor A.J. Luikinga), *Homosexualiteit. Geslachtelijke neiging voor personen van dezelfde sexe*. Amsterdam, 1927.

Crimineele statistiek, Centraal Bureau voor Statistiek. 's-Gravenhage (diverse jaren).

Delden, H. van, *De affaire Ries*. Lezing voor de NVIH-COC in Amsterdam, 23 oktober 1980. (Van een andere lezing over dit onderwerp bezit de NVIH-COC een video-opname.)

Drukker, L., *De sexueele criminaliteit in Nederland 1911—1930. Een crimineel-sociologische studie*. 's-Gravenhage, 1937.

Eissler, W.H., *Arbeiterparteien und Homosexuellenfrage. Zur Sexualpolitik von SPD und KPD in der Weimarer Republik*. Berlin, 1980.

Ellis, H., *Sexueele inversie. De psychologie der sexen*. Baarn, 1923.

Exler, M.J.J., *Levensleed. Een psychologische roman*. 's-Gravenhage, 1911.

Forel, A., *Het sexueele vraagstuk*. Nederlandsche bewerking door R.A. Oosterhout. Amsterdam, 1917.

Groenewegen, H.Y., *Het donkere vraagstuk der sexueele ethiek*. Leiden, 1923.

Groniek, Gronings Historisch Tijdschrift. (1979) 12e jaargang nr 5: themanummer 'Oral History' (oktober).

Groniek, Gronings Historisch Tijdschrift. (1980) 12e jaargang nr 6: themanummer 'Homoseksualiteit en geschiedenis' (januari).

Hall, R., *De bron van Eenzaamheid*. (Nederlandse vertaling van Hugo Martin) Haarlem z.j. (1948) (oorspronkelijk Engelse uitgave 1928).

Harten, J., *Operatie Montycoat. Verhalen*. Amsterdam, 1964.

Heezen, C. van, (ps. van J.H. François). *Anders*.

Heger, H., *Die Männer mit dem rosa Winkel. Der Bericht eines Homosexuellen über seine KZ-Haft von 1939—1945*. Hamburg, 1979^2 (1972^1). (Er is een Nederlandse vertaling verschenen bij Pegasus, Amsterdam, 1982.)

Heide, A. van der, *De zaak tegen Mr. L.A. Ries*. 's-Gravenhage, 1936.

Hekma, G., 'Homoseksualiteit, van zonde tot geaardheid'. In: *Spiegel Historiael*, 1980, nr 6, p. 484-491.

Himmler, H., *Geheimreden.* (red. B.F. Smith en A.F. Peterson) Berlin, Wien, 1974.
Homojaarboek I, Artikelen over emancipatie en homoseksualiteit. Amsterdam, 1981.
Homosexuality, Intolerance and Christianity: A Critical Examination of John Boswell's Work. New York, 1981.
Hoop, J.H. van der, *Homo-sexualiteit.* Amsterdam, z.j. (1937). In de reeks 'Sexueele Hervorming' van de afdeling Nederland van de Wereldbond voor Sexueele Hervorming. Deel IX.
Hottentot, W., 'Sex en Eros bij Martialis'. In: *Homologie*, 1980, 3e jaargang nr 2 (december).
Huisarts en praktijk, 1980, nr 4 (oktober). Themanummer: 'Homoseksualiteit'.
Jaarverslag Nederlandsch Wetenschappelijk Humanitair Komitee 1911—1920; 1933—1940.
Jaarverslagen en Dienstverslagen van de Gemeente Amsterdam: Dienstverslag der Politie 1940-1942; 1946-1950. Bij: Gemeentelijke Archiefdienst Amsterdam inv. V 22-1a.
Jong, L. de, *Het Koninkrijk der Nederlanden in de Tweede Wereldoorlog.* Delen 1-10. 's-Gravenhage, 1969—1980 (wetensch. ed.).
Jongh, B.Th.J. de, (ps. van J.H. François), *Wat de Indische zedenmisdrijven ons te zeggen hebben.* Amsterdam, 1939.
Joosten, L.M.H., *Katholieken en fascisme in Nederland 1920—1940.* Hilversum, Antwerpen, 1964.
Journaal van de Zedenpolitie van 's-Gravenhage 1940—1945.
Jurisprudentie (Nederlandsche), 444 (1936).
'Justitiedossier, Zwartboek over de houding van de Nederlandse overheid tegenover homoseksualiteit en het COC'. In: *Dialoogreeks*, 1972, 1e jaargang nr 1.
Klare, R., *Strafrecht und Homosexualität.* Hamburg, 1975.
Kogon, E., *Der SS Staat, das System der deutschen Konzentrationslager.* Frankfurt am Main, 1965 (1946).
Komrij, G., *Averechts.* Amsterdam, 1980.
Kuster, H.J., *Over homoseksualiteit in Middeleeuws West-Europa.* Utrecht, 1977.
Last, J., *Zuiderzee* (samen met *Marianne* (1930) en *Elfstedentocht* (1941) in: *Drie over rood*, Antwerpen, 1968) 1934.
Lautmann, R., *Seminar: Gesellschaft und Homosexualität.* Frankfurt am Main, 1977.
Levensrecht, Maandblad voor vriendschap en vrijheid, 1940, nrs 1 (maart); 2 (april); 3 (mei); en 1946—1948.
Levie, L.H., *Handleiding voor artsen.* Bussum, 1953², (herziene druk) (1943¹).

Lewandowski, H., en P.J. van Dranen, *Beschavings- en zedengeschiedenis van Nederland.* Amsterdam, 1933.
Looy, F. van, *Geslachtsdrift en misdaad. Een bewerking van prof. M. Hirschfeld.* Amsterdam, 1938.
Luykx, P., *De Actie 'voor God' 1936—1941. Een katholieke elite in het offensief.* Nijmegen, 1978.
Maandverslag van de hoofdcommissaris van Politie van Amsterdam, 1942—1945. Bij Gemeentelijke Archiefdienst Amsterdam inv. V 22-1.
Maasbode, dagblad de, vrijdag 12 maart 1920, avondblad p. 1 en zaterdag 13 maart 1920, avondblad p. 2.
Marx, K., en F. Engels, *Werke.* Band 21, Berlin, 1972.
Meldingsrapporten Gemeentepolitie Amsterdam 1941—1945. Bij: Gemeentelijke Archiefdienst Amsterdam.
Meyers, F.S., *Mijn ervaringen betreffende zedenmisdadigers. Lezing voor het Psychiatrisch Jurdisch Gezelschap, 11 december 1937.* Amsterdam, 1938 (nr 16).
Michel, E., *Anti-homo. Een geschrift tegen de weekdieren onzer samenleving.* Amsterdam, 1929.
Ooyen, H. van, 'Sexualiteit'. In: *Wending,* 1948, 3e jaargang nr 6 (augustus).
Opijnen, J. van, 'Homosexualiteit'. Artikelenserie in: *De Politiebode. Orgaan van den Algemeene Bond van Politiepersoneel in Nederland.* Amsterdam, 1923, nrs 11, 12, 14, 16, 17, 18, 19, 20, 21, 22, 23, 35.
Ovezall, J.J., 'Over het sociale aspect van de homosexualiteit in de achttiende eeuw in Nederland'. In: *Nederlandsch Tijdschrift voor de Psychologie en haar Grensgebieden.* (1953) Deel VIII, aflevering 4.
Politieweekblad, Algemeen Nederlandsch. Hilversum, (1924), 9e jaargang, p. 627 en (1926) 11e jaargang.
Pront, J., 'De rol van de homo-sexualiteit in de nationalismen'. In: *Maandblad Vrede, Orgaan van de stichting Vredes Studie Bureau,* 1938, 11e jaargang nrs 7/8 (juli/augustus).
Rapportenboek (arrestantenboek) *Hoofdbureau van Politie van Amsterdam.* 1940 nrs 71 en 72.
Recourt, J., 'Ziekte en misdaad'. In: *Algemeen Nederlandsch Politieweekblad.* Hilversum, 1925, 10e jaargang, p. 139.
Rogier, J., 'Homosexuele emancipatie. Historische context van de Nederlandse Vereniging van homofielen COC'. In: *Dialoog,* 1966, nr 5, p. 173-209.
Sassen, A., 'Lob der Lächerlichen Affen' (Boekbespreking *Zuiderzee* van Jef Last). In: *De Nieuwe Gemeenschap. Algemeen Maandblad van Katholieke Jongeren,* 1935, jaargang 11, nr 2 (februari), p. 117.

Schorer, J.A., *Gelijkheid van recht ook hier!* 's-Graveland, z.j. (1946).

Schouten, W.J.A., 'Mutatietheorie en samenleving'. In: *Horizon, Gereformeerd Apologetisch Thetisch Tijdschrift*, 1935, 1e jaargang nr 5 (februari), p. 134-141.

Seq. Uitgave van de Nederlandse Vereniging van Homofielen C.O.C.

Slobbe, J.F. van, 'Vervolging van homosexuelen in het begin van de 18e eeuw'. In: *Maandblad van de Bond van hoogere politieambtenaren in Nederland*, 1937, nr. 115 (juni).

Slobbe, J.F. van, 'Zedenmisdrijven voorheen en thans. Strafbepalingen, frequentie'. In: *Tijdschrift voor Strafrecht*. Deel LI, Leiden, 1941/1942.

Steakley, J.D., *De Duitse homobeweging vanaf 1870.* Lezing voor de NVIH-COC in Amsterdam, 29 juni 1981.

Steakley, J.D., *The homosexual Emancipation Movement in Germany*. New York, 1975.

Stokvis, B.J., *'Homo-sexualiteit en strafrecht.* In de serie 'Sexueele Hervorming', een reeks geschriften van de afdeling Nederland van den Wereldbond voor Sexueele hervorming. Amsterdam z.j. (1937).

Stokvis, B.J., *De Homosexueelen. 35 Autobiographieën; verzameld en ingeleid door —.* In de serie 'Menschenleed', deel 1, Lochem, 1939.

Stokvis, B.J., 'Toepassing van artikel 248bis WvS'. In: *Nederlandsch Juristenblad*, 1935, nr 14, (maart), p. 197.

Storm (Weekblad van de Nederlandsche SS), 1943, 3 en 10 december.

Strijder voor recht (ps. voor W. Roos), *De uitdrijving van de gelijkgeslachtigen uit de 'Nieuwe Doelen' in Den Haag*. z.p., z.j. (1919).

Stümke, H.G. und R. Finkler, *Rosa Winkel, Rosa Listen. Homosexuelle und 'Gesundes Volksempfinden' von Auschwitz bis heute*. Hamburg, 1981.

Taverne, B.M., boekbespreking *De Homosexueelen* van B.J. Stokvis. In: *Tijdschrift voor Strafrecht*, deel LI, Leiden, 1941, p. 39-41.

Telegraaf, dagblad de. Vrijdag 12 maart 1920, avondblad p. 6 en zaterdag 13 maart 1920, avondblad p. 6.

Thompson, P., *The voice of the past. Oral History*. Oxford, London, New York, 1978.

Tielman, R., 'Het hoofdstuk dat De Jong vergat. De vervolging van homosexuelen in de Tweede Wereldoorlog in Nederland'. In: *De Groene Amsterdammer*, 1978, 22 maart.

Tolsma, F.J., *Homosexualiteit en homo-erotiek*. 's-Gravenhage, 1948^1 en 1964^2, (herziene druk).

Vaderland, dagblad het. Vrijdag 12 maart 1920, p. 2, zaterdag 13 maart 1920, avondblad p. 2, zondag 14 maart 1920, ochtendblad en vrijdag 19 maart 1920 p. 1.
Vanggaard, T., *Phallus, symbool door alle tijden.* Amsterdam, 1971.
Venema, A., 'De vervolging van de homoseksuelen door de nazi's'. In: *Seq, uitgave van de Nederlandse Vereniging van Homofielen COC*, 1970, 2e jaargang nr 3 (april/mei).
Venema, A., *De zaak Krupp. Een rapportage.* Den Haag 1972, p. 39/40.
Verbaalboek Zedenpolitie 's-Gravenhage, 1941.
Verordnungsblatt für die besetzte niederländische Gebiete. Stück 16, 3. August 1940, Verordnung 81.
Visser, A., *Rudolph de Mepsche, het monsterproces van Faan.* Rotterdam, 1945.
Volk in nood, NSB-blad. 1939, 24 januari.
Vriendschap, Orgaan van het Cultuur- en Ontspanningscentrum.
Walter Darré, R., *Nieuwe adel uit bloed en bodem.* 's-Gravenhage, 1943.
Wessels, F.W., *Wie is Mussert. Onder dezen man heeft Nederland geen toekomst meer.* Utrecht, 1937.
Westerterp, M., 'Een beschouwing over ontstaanswijze en toerekening van homosexueele handelingen'. In: *Maandblad voor Berechting en Reclassering.* Amsterdam, 1944/1945, 23e/24e jaargang, p. 121-136.
Wilde, H., *Das Schicksal der Verfemten. Die Verfolgung der Homosexuellen im Dritten Reich und ihre Stellung in der heutigen Gesellschaft.* Tübingen, 1969.
Witboek over de Duitse Bartholomeusnacht. De Rijksdagbrand opgelost! (Vertaling P. Voogd e.a.) Amsterdam, 1935.
Woordenboek Nederlandsche Taal. 's-Gravenhage, Leiden. Deel 3, 1920, deel 6, 1916.
Wutse, *Sluipend gif.* Den Haag, 1937.
Zaak Wijsman, De —. Brochure, z.p., z.j.
Zedenschandaal, Het Haagsche —, Nadere bijzonderheden betreffende bepaalde 'vriendenkringen' in de residentie. Een waarschuwing aan ouders en opvoeders. Den Haag, 1936[2].

REGISTER